coleção primeiros passos 37

Caio Prado Jr.

O QUE É FILOSOFIA

editora brasiliense
São Paulo - 2014

Copyright © by Caio Prado Jr., 2008
Nenhuma parte desta publicação pode ser gravada,
armazenada em sistemas eletrônicos, fotocopiada,
reproduzida por meios mecânicos ou outros quaisquer
sem autorização prévia do editor.

Primeira edição, 1981
42ª reimpressão, 2014

Diretora Editorial: *Maria Teresa B. de Lima*
Editor: *Max Welcman*
Caricaturas: *Emilio Damiani*
Capa e ilustração: *123 (antigo 27) Artistas Gráficos*
Atualização da Nova Ortografia: *Natália Chagas Máximo*

Dados Internacionais de Catalogação na Publicação (CIP)
(Câmara Brasileira do Livro, SP, Brasil)

Prado Junior, Caio. 1907-1990.
  O que é filosofia : Caio Prado Júnior - -
Paulo : Brasiliense, 2012. - - (Coleção Primeiros Passos ; 37)

41ª reimpr. da 1ª. ed. de 1981.
ISBN 978-85-11-01037-4

1. Filosofia 2. Lazer I. Título. II. Série.

07-8250   CDD-101

Índices para catálogo sistemático:
1. Filosofia : Teoria   101

editora brasiliense ltda
Rua Antônio de Barros, 1839 – Tatuapé
Cep 03401-001 – São Paulo – SP
www.editorabrasiliense.com.br

O QUE É FILOSOFIA*

Não precisamos buscar na infinidade de conceitos de "filosofia" — talvez um para cada autor de certa expressão e que, à vagueza das formulações, acrescentam às vezes até posições contraditórias — não precisamos procurar aí a incerteza e imprecisão que reinam e, sobretudo em nossos dias, no que concerne o objeto da especulação filosófica. Muito mais ilustrativa é a consulta aos textos filosóficos ou qualquer exposição ou análise do desenvolvimento histórico do assunto. De tudo se trata, pode-se dizer, ou se tem tratado na "filosofia", e até os mesmos assuntos, ou aparentemente

---

*Texto originalmente publicado em Almanaque, n°. 4, Ed. Brasiliense, 1977.

os mesmos, são considerados em perspectivas de tal modo apartadas uma das outras que não se combinam e entrosam entre si, tornando-se impossível contrastá-las. Para alguns, essa situação é não apenas normal, mas plenamente justificável. A filosofia seria isso mesmo: uma especulação infinita e desregrada em torno de qualquer assunto ou questão, ao sabor de cada autor, de suas preferências e mesmo de seus humores. Há até quem afirme não caber à filosofia "resolver", e sim sugerir questões e propor problemas, fazer perguntas cujas respostas não têm maior interesse, e com o fim único de estimular a reflexão, aguçar a curiosidade. E já se afirmou até que a filosofia não passava de uma "ginástica" do pensamento, entendendo por isso o simples exercício e adestramento de uma função — no caso, o pensamento em vez dos músculos — sem outra finalidade que essa.

Apesar, contudo, de boa parte da especulação filosófica, particularmente em nossos dias, parecer confirmar tal ponto de vista, ele certamente não é verdadeiro. Há sem dúvida um terreno comum no qual a filosofia, ou aquilo que se tem entendido como tal, se confunde com a literatura (no bom sentido, entenda-se bem) e não objetiva realmente conclusão alguma, destinando-se tão somente, como toda literatura, a par do entretimento que proporciona levar aos leitores ou ouvintes, a partir desses centros condensadores da consciência coletiva que são os profissionais do pensamento, levar-lhes impressões e estados de espírito, emoções e estímulos, dúvidas e indagações. Mas esse terreno que a filosofia, ou pelo menos aquilo que se tem entendido por "filosofia", compartilha com a literatura, não é toda filosofia, nem mesmo, de certo modo, a sua mais importante e principal parte. E nem ao menos, a meu ver, com todo interesse que possa representar, constitui propriamente "filosofia", e deveria antes se confundir, na classificação, e às vezes até mesmo na designação, com a mesma literatura com que já apresenta tantas afinidades.

Mas conserve embora a filosofia literária sua qualificação e *status*, é necessário que a par dela e com ela se desenvolva também uma filosofia de outro teor que dê resposta, e na medida do possível precisa, às questões que efetivamente nela se propõem. A filosofia pode a rigor ser tratada literariamente, como pode sê-lo a ciência e o conhecimento em geral. Mas que isso seja forma, e não fundo. Esse fundo é outra coisa que, apesar de tudo, se percebe em todo verdadeiro filósofo, por mais que se disfarce num pensamento confuso, disperso, sem objetivo desde logo aparente e seguro. Que se percebe, sobretudo na filosofia em conjunto como maneira específica de tratar dos assuntos de que se ocupa, por mais variados e díspares que sejam.

Com toda sua heterogeneidade, confusão e hermetismo de tantos de seus textos vazados em linguagem acessível unicamente a iniciados — ou antes, por eles julgados acessíveis, mais do que acessíveis de fato — com tudo isso, a filosofia encontra ressonância tal que, se não fosse outro o motivo, já por si bastaria para comprovar que nela se abrigam questões que dizem muito de perto com interesses e aspirações humanas que devem, por isso, ser atendidos, e não frustrados pela ausência ou desconhecimento de objetivo e rumo seguros da parte daqueles que se ocupam do assunto.

Mas onde encontrar esse "objeto" último e profundo da especulação filosófica para o qual converge e onde se concentra a variegada problemática de que a filosofia vem através dos séculos e em todos os lugares se ocupando; e de que trata? É muito importante determiná-lo, porque isso pouparia esforços que tão frequentemente se perdem em indagações inúteis ou mal propostas; e que, concentrados na direção de um alvo legítimo e claramente definido, reuniriam um máximo de probabilidades de atingirem esse alvo, ou pelo menos de o aproximarem. Existirá, contudo, esse objeto central e legítimo de toda a especulação filosófica, um denominador comum que, embora disfarçado e mal explícito, orienta mais ou menos inconscientemente aquela especulação? Acredito que sim, e a sua determinação constitui tarefa necessária e preliminar da indagação filosófica; e, certamente, mesmo que não chegue logo a uma precisão rigorosa (se é que ela é possível), será por certo de resultados altamente fecundos.

O ponto de partida dessa determinação deve ser, para nada perder em objetividade, a consideração e o exame do próprio conteúdo e desenvolvimento daquilo que se tem por pesquisa filosófica e do conhecimento em geral. Mais comumente a filosofia é ti da como uma complementação da ciência e da elaboração cognitiva em geral, como seu coroamento e síntese. Esse conceito da filosofia se encontra, aliás, mais ou menos expressamente formulado em boa parte das definições e explicações que dela se dão, e partidas dos mais afastados e mesmo antagônicos quadrantes. Até mesmo o século XVIII, e talvez o seguinte, filosofia ainda se confundia com ciência; e das filosofias particulares (como a "filosofia química", que não é senão a nossa química, simplesmente) passava-se imperceptivelmente para assuntos gerais que se enquadrariam melhor naquilo que hoje entenderíamos mais especificamente como "filosofia".

Que a filosofia é conhecimento, e que *de certa forma* se ocupa dos mesmos objetos que as ciências em geral, não há dúvida. Mas tudo está nessa restrição "de certa forma". Isso porque a filosofia não é e não pode ser, logo veremos por que, simplesmente prolongamento da ciência, uma "super ciência" que a ela se sobrepõe e que a completa.

Não há lugar para esse simples prolongamento. Ou melhor, qualquer legítimo prolongamento da ciência é e sempre será, tudo indica, ciência e não outra coisa. Isso se pode concluir do fato que o desenvolvimento da ciência, quando se excluem indevidas extrapolações, se faz sempre num sentido único que é o da crescente generalização. E não há nenhum ponto fixado no passado, ou previsível no futuro, nem mesmo fronteira difusa naquele processo além do qual não caberia mais falar em ciência propriamente. A história da ciência nos mostra que sua marcha e seu progresso vão uniformemente no sentido da elaboração de conceitos, ou melhor, "conceituação" cada vez mais abstrata e geral. Isto é, de sistemas conceptuais mais inclusivos, que por isso mesmo cobrem e representam conjuntos mais amplos da realidade universal — não no sentido de mais extensos simplesmente, quantitativamente maiores, e sim mais complexos e abrangentes, de feições mais diferenciadas. Comparem-se a esse propósito os dois setores do conhecimento que se encontram contemporaneamente nos extremos da linha ascendente do progresso científico: de um lado as ciências sociais, de outro as físicas. No primeiro desses setores encontramo-nos em face de um conhecimento empírico ainda solidário, diretamente, com dados imediatos da observação e experimentação. A conceituação representativa desses dados que refletem os fatos sociais é de insignificante generalidade; os conceitos que a constituem se entrosam mal e frouxadamente entre si, e não se englobam em sistemas amplos capazes de formar, por sua vez, outros tantos conceitos de mais elevado nível de abstração e generalidade.

Confronte-se essa situação com a das ciências físicas e de seus imponentes sistemas conceptuais que cobrem e compreendem, representando-os conceptualmente, extensos e amplamente diversificados aspectos e feições da realidade universal. Considere-se em particular o progresso recente dessas ciências no sentido de uma precipitada generalização, que já hoje compreende (embora ainda falte um bom caminho para a complementação e integração sistemática total do assunto) o conjunto das ciências físico-químicas que há algumas décadas ainda se confinavam em esferas estanques e impenetráveis umas às outras.

Observando-se esses fatos da marcha progressiva do conhecimento e da ciência, o que se verifica é a homogeneidade desse progresso. E daí se pode concluir a respeito da homogeneidade também do conhecimento científico, de sua natureza, caráter e estrutura, que são sempre uniformes e do mesmo padrão. Onde, pois o hiato ou transformação qualitativa suficientemente acentuado para justificar, nesse processo de desenvolvimento e aprofundamento do conhecimento, a eventualidade da fixação de limites além dos quais já não se trataria mais de "ciência" e sim de outra disciplina? Outra ordem de conhecimento que caberia à filosofia? Essa indagação sem resposta plausível leva à conclusão de que a filosofia não é e não pode ser simples prolongamento do conhecimento científico, nada mais que um ponto de vista mais geral e amplo, mas essencialmente de igual natureza, dos mesmos objetos de que se ocupa a ciência. É simplesmente ciência e não há por que incluí-la em outra ordem de conhecimentos além da ciência. A filosofia será outra coisa, ou então não tem razão de existir. Aquilo de que se ocuparia um simples prolongamento ou generalização do conhecimento científico não merece outro nome que "ciência" simplesmente.

Em outras palavras e mais sumariamente, é pelo *objeto*, pela matéria ou assunto de que se ocupa, que a filosofia, para ter existência própria e se legitimar, se há de distinguir. Não seria simplesmente pela maneira, pelo método específico de tratar do *mesmo* objeto das ciências, que se justificaria uma ordem distinta de conhecimentos que caberiam então à filosofia. Se o objeto da filosofia é identicamente o mesmo que o das ciências, a saber, os fatos e as feições do Universo em geral, não haveria mister dela; e a própria ciência daria conta da tarefa. Isso porque a elaboração do conhecimento não segue caminhos diversos, ou não deveria segui-los: um que seria o ordinário da ciência, outro distinto deste que se observa correntemente na elaboração científica e que, por ser assim distinto, caberia à filosofia. É certo que a elaboração científica se realiza por meio de procedimentos vários, que a rigor se poderiam considerar métodos diferentes. Os tratados usuais da lógica elementar costumam considerar e enumerar esses "métodos" — se é que merecem a designação. Mas essas diferenças não são essenciais. Trata-se antes de técnicas, digamos assim, de investigação e exame dos fatos considerados. Táticas ou estratégias, por assim dizer, de abordagem desses fatos pela inquirição científica. O essencial do processo de elaboração científica digna desse nome e legítima é fundamentalmente o mesmo em qualquer terreno. O que se procura e o que se obtém com essa elaboração não somente não apresenta disparidade essencial alguma, como não se percebe ou concebe onde e de que modo essa disparidade se poderia insinuar. Não é com ela, pois que se logrará discernir e determinar uma ordem de conhecimentos distintos dos da ciência e necessitando por isso de outra disciplina, que seria a filosofia.

É assim pelo seu *objeto*, e somente por ele, que a filosofia se há de distinguir da ciência, e com isso se legitimar como disciplina à parte. Mas se à ciência cabe, como objeto, a realidade universal, isto é, o Universo e seu conjunto de ocorrências, feições, circunstâncias que envolvem e também compreendem o homem, o que ficará de fora para eventualmente constituir objeto próprio da filosofia? Note-se que estamos aqui empregando a expressão "ciência" onde deveríamos com mais propriedade dizer "conhecimento". Isso porque ciência não é senão conhecimento sistematizado, e advertida e intencionalmente elaborado, não se distinguindo senão por essa sistematização em nível elevado e elaboração intencional do conhecimento comum ou vulgar, aquele de que todo ser humano é titular, por mais rudimentar que seja seu nível de cultura. O conhecimento é essencialmente de uma só natureza, e por mais elementar e grosseiro que seja, tem fundamentalmente o mesmo caráter do mais complexo e refinado conhecimento científico. Não há, aliás, nenhuma fronteira marcada, ou possível de marcar, nessa complexidade, nem mesmo separação possível, pois o conhecimento científico de hoje será o vulgar de amanhã.

Assim sendo, as nossas considerações acima se aplicam não especialmente ao conhecimento científico, e sim ao conhecimento em geral, ocupe ele o plano hierárquico e o nível de importância que ocupar. E, reformulando nessa base a nossa questão, diríamos: qual o possível objeto do conhecimento que não seja objeto do conhecimento? Pergunta aparentemente sem sentido dentro dos cânones lógico-linguísticos ordinários, mas que se resolve simplesmente, e veremos que historicamente também, no fato de que, além do conhecimento dos objetos ordinários do conhecimento — as feições e ocorrências do Universo em que existimos e de que participamos —, pode haver, e efetivamente há ainda, reflexivamente, *um conhecimento do próprio conhecimento*.

Realmente é o que se verifica no desenvolvimento histórico do pensamento humano logo que o progresso do conhecimento atinge certo nível. Isto é, um retorno reflexivo da elaboração cognitiva sobre si mesma, passando o próprio conhecimento a se fazer objeto do conhecer. Fato esse suficientemente marcado para dar lugar a uma ordem de cogitações bem caracterizadas e distintas do conhecimento ordinário. E se bem que pensadores e elaboradores do conhecimento não se tenham desde logo dado plenamente conta da diferenciação e partição interior dos objetos de que se ocupavam (do que aliás resultariam mal-entendidos e confusões de largas consequências) a sua obra não deixará de refletir a duplicidade do assunto tratado e o novo rumo que tomava o pensamento e a elaboração do conhecimento, isto é, a par do conhecimento, a do *conhecimento do conhecimento*. O que cronologicamente coincide no Mundo Antigo (e não terá sido por certo uma simples coincidência) com a eclosão daquilo que seria havido como "filosofia".

Veremos isso com suficiente clareza para uma primeira abordagem do assunto, assim penso, numa sumária recapitulação, a largos traços, das linhas mestras e momentos culminantes e decisivos do pensamento e da elaboração do conhecimento nas sociedades que mais contribuíram, até os nossos dias, para a evolução em conjunto e conformação da cultura moderna, e que vem a ser aquela que, brotada no seio das civilizações do Mediterrâneo oriental, se difundiria pela Europa ocidental e daí para o mundo todo.

Mas em que consiste ou pode consistir esse conhecimento do conhecimento cuja gênese e vicissitudes sofridas no curso de sua evolução se trata para nós aqui de examinar? Ou, em outras palavras, que vem a ser conhecimento como "objeto do conhecimento"? Em primeiro lugar, está claro, a natureza do conhecimento, seu processamento. Dito de outro modo: o que vem a ser o fato ou ato de "conhecer"; e como se realiza esse fato, qual a sua sequencia — sua gênese, seu desenvolvimento e seu desenlace; em que vai dar. Isto é, como se apresenta e configura na sua conclusão como corpo de conhecimentos para o qual o processo afinal se dirige e em que se torna. São essas as questões que se agrupam na disciplina ordinariamente conhecida por *teoria do conhecimento*, epistemologia ou mais genericamente: gnosiologia. Disciplinas essas que constituem, segundo consenso generalizado, capítulos da filosofia. Até aí, portanto, não haverá divergências apreciáveis que começam daí por diante. Há os que restringem a filosofia a isso mesmo, e até menos, como os logicalistas que fazem da própria teoria do conhecimento, e pois da filosofia que a ele se reduziria, uma simples análise lógico-crítica da linguagem ou simbolismo em que o conhecimento e a ciência em particular se exprimem. Essa concepção, contudo, é restrita a reduzidos círculos. Em regra, pelo contrário, a teoria do conhecimento, em si, ocupa oficialmente um lugar secundário e diríamos quase marginal da filosofia que, a julgar pelos assuntos nela tratados, ou pelo menos sob sua responsabilidade, tem voz em qualquer terreno, duplicando de certa forma com isso o papel da ciência cujo objeto não se distinguiria essencialmente do seu, filosofia e ciência, distintas embora quanto à perspectiva em que respectivamente se colocam, e ao método, ou antes, "estilo" que adotam, se ocupariam uma e outra da mesma realidade universal. Já lembramos essa universalidade da filosofia, bem como a confusão reinante no seu ponto de partida entre os objetos respectivos do conhecimento (que seria em particular a ciência) e o conhecimento do conhecimento, ou filosofia. Confusão essa que se prolongará sob muitos aspectos, embora progressivamente se atenuando, até os dias de hoje.

Notamos também que, em princípio e em frente aos fatos do desenvolvimento histórico da ciência, essa pretensão da filosofia de se ocupar com assuntos da alçada da ciência não se justifica. Nesse ponto os logicalistas, que partem dessa questão para seu programa de limitação do campo da filosofia, têm plena razão. Quando a filosofia se ocupa dos objetos da ciência, a saber, das feições e dos fatos do Universo, suas conclusões são sempre desmentidas em prazo mais ou menos dilatado, mas sempre fatal. Como se depreende claramente da história da ciência e, sobretudo da física moderna, a filosofia, ou antes, os filósofos, no que se refere à sua atuação no campo científico, não têm feito mais que consagrar velhas e ultrapassadas concepções, disfarçando-as em princípios absolutos com pretensões à validade eterna. É sob esse disfarce que as rudimentares e grosseiras noções físicas de Aristóteles atravessaram os séculos; e mais tarde a mecânica newtoniana foi erigida em "verdade" final e absoluta. Assim tem sido porque, tratando de objetos que não são seus e, portanto, sem condições para fazê-lo, a filosofia não podia dar, como não deu, em outra coisa que vestir hipóteses científicas de trajes filosóficos, fazendo deles "princípios" dentro dos quais aquelas hipóteses se "petrificam", na sugestiva expressão de P. Franck[1].

A filosofia, embora ultrapassando largamente aquilo que de ordinário se trata na teoria do conhecimento, conserva-se dentro e no âmbito do *conhecimento como objeto*. Isto

---

[1] Philipp Franck. *Modern Science and its Philosophy*. Cambridge, Harvard University Press. 1950, p. 214.

é, enquanto a ciência e o conhecimento em geral, em que a ciência constitui o setor organizado e sistematizado, têm por objeto as feições e ocorrências do Universo que envolvem o homem e de que ele também participa, o objeto da filosofia é precisamente esse "conhecimento" de tais feições e ocorrências. É assim conhecimento desse conhecimento. E isso não apenas por ser essa, para a filosofia, a perspectiva própria para a consideração e exame das questões que nela legitimamente se propõe. Mas ainda e, sobretudo, porque esse tem sido o seu campo de ação, mesmo quando, por uma falsa perspectiva e involuntária confusão, aparenta dela se afastar. A filosofia sempre se ocupou, de fato, do conhecimento em si e todas suas implicações, embora frequentemente julgue, ou melhor, julgam os filósofos seus autores estarem tratando de outro objeto. É, aliás, dessa confusão que resultam e sempre têm resultado os mal-entendidos, que viciam a especulação filosófica e a tornam, em tão grande parte e alto grau, imprecisa e ambígua, infestada de debates estéreis e questões inúteis e insolúveis. O que, além do mais, faz perder de vista, ou propõe de forma defeituosa algumas das questões essenciais da filosofia. Bem como perturba a elaboração científica, como tão frequentemente tem acontecido, como teremos ocasião de referir e já foi lembrado no caso da filosofia de Aristóteles e da mecânica de Newton.

Vejamos como isso ocorre. Procurarei aqui clarear e explicar a confusão básica que vicia a generalidade da especulação filosófica, para em seguida mostrar como ela efetivamente se vem verificando no curso do desenvolvimento histórico da filosofia. O conhecimento, como objeto do conhecimento, se propõe em sequencia ao conhecimento da realidade universal exterior ao pensamento elaborador[2]. Esse conhecimento da realidade se apresenta na conceituação que, elaborada na base da experiência do indivíduo pensante, reflete, ou melhor, representa na esfera mental desse indivíduo pensante as feições e ocorrências da realidade. Desse primeiro momento ou nível da atividade cognitiva (isto é, a elaboração da conceituação representativa da realidade), o instrumento dessa atividade, que é o pensamento elaborador do conhecimento, se volta sobre si próprio e toma reflexivamente por objeto aquele mesmo conteúdo conceptual ou conhecimento por ele elaborado. Trata-se de uma posição como que crítica, que objetiva de um lado, e entre outros, aferir de um modo geral a segurança, e ponderar o valor e alcance do conhecimento adquirido e por adquirir, e, de outro, visa e se propõe dar ao conhecimento expressão conveniente (em especial e fundamentalmente pela linguagem discursiva) e ordenar e sistematizar

---

[2] Essa restrição do pensamento "elaborador" é necessária, pois o pensamento em si, abstração feita do ato da elaboração do conhecimento, participa das ocorrências do Universo como as demais. E será objeto legítimo da ciência, da psicologia em particular.

a conceituação que compõe o conhecimento. Isso tudo para, no contexto geral do processo cognitivo, alcançar o seu fim primordial (que é o do "conhecer" como função e constituinte essencial da natureza humana), fim primordial de determinar e orientar devidamente o comportamento do homem.

Não entraremos aqui no pormenor desses pontos a fim de não particularizar a exposição e com isso perder de vista o conjunto e o essencial do assunto que diretamente aqui nos interessa, e que vem a ser a duplicidade dos níveis em que opera o pensamento elaborador do conhecimento, e o que essa duplicidade significa. Repetindo, temos de um lado, como ponto de partida, o nível do conhecimento direto e imediato das feições e ocorrências da realidade que se trata de conhecer, isto é, aquilo que ordinariamente entendemos simplesmente por "conhecimento", e ciência em particular. Temos de outro, e em seguida, um segundo nível sobreposto ao primeiro, e no qual o pensamento se ocupa já não diretamente com as feições e ocorrências da realidade, mas com o conhecimento acerca dessas feições e ocorrências. No primeiro nível, o pensamento estará se aplicando à esfera objetiva e exterior ao ato pensante[3], no

---

[3] Lembramos aqui novamente a observação já feita em nota anterior, que o pensamento em si pode ser e é de fato objeto da ciência, da psicologia em particular. Mas nesse caso ele será considerado em abstrato e fora do ato pensante efetivo, isto é, na perspectiva de uma feição, ocorrência do Universo, tal como o restante da objetividade de que se ocupa a atividade cognitiva.

outro, se aplicará a si próprio, ou antes, ao seu conteúdo —
e, note-se bem, propriamente como seu conteúdo, já desligado da realidade que representa — conteúdo de conhecimento ou conceituação representativa da esfera objetiva,
e elaborada no curso de sua atividade no primeiro nível.

Mas, aplicando-se embora ao seu conteúdo de conhecimento e conceituação, ou seja, à esfera subjetiva, o pensamento irá por força se referir, ainda que indiretamente,
aos objetos daquele conhecimento — que são, repetimos,
as feições e ocorrências da realidade que lhe são exteriores.
Isso é óbvio, pois pensamento ou conhecimento não existem em estado "puro" e vazio de representação conceptual das feições e ocorrências do Universo. Não existem
mesmo, tais quais "faculdades" potenciais do indivíduo
pensante e conhecedor, à parte dessa representação que
lhes concede a substância de que se constituem.

Essa situação é por sua própria natureza fonte de confusão entre as duas esferas, a subjetiva e a objetiva. E deriva
daí a impressão e ilusão que tão fortemente se ancoraria na
filosofia, e que consiste em tratar de um objeto julgando
tratar-se de outro. Ou melhor, simplesmente ignorar a distinção e oscilar dubiamente entre um e outro; ocupar-se do
conhecimento e da conceituação que o compõe, como se
tratasse das feições e ocorrências da realidade exterior ao
pensamento representado conceptualmente por aquele

conhecimento. Caso flagrante disso, que refiro a título de ilustração bem esclarecedora dessa confusão, é o conceito "matéria", que vem constituindo através dos séculos um dos principais divisores do pensamento filosófico, e a respeito do qual as partes que contendem incessantemente não conseguem sequer fixar com clareza o que está sendo debatido. O que torna o debate, no mais das vezes, em infindáveis monólogos que se desenrolam paralelamente uns aos outros, e sem correspondência no mais das vezes entre si. Cada qual trata respectivamente de assuntos que não coincidem, embora essa coincidência esteja sendo presumida.

O desentendimento nesse caso tem suas raízes na consideração de "matéria" de ângulos distintos, em que se mesclam em proporções várias, conforme os filósofos, de um lado a perspectiva de algo exterior e que a expressão "matéria" designaria (substância corpórea ou sensível... componente primário e original do Universo... *subtratum* de todas as coisas...), de outro lado o conceito propriamente de "matéria" — como se dá quando se trata de contrastar o conceito "matéria" com outros conceitos, como seja "espírito", "ideia", "forma", ou então quando com o conceito de matéria se integra um sistema conceptual, como se dá com a noção aristotélica de "potencialidade para receber forma". Note-se bem que não se trata aí unicamente, nem mesmo essencialmente, de diferença de sentido, de acepção da palavra "matéria", pois se fosse apenas isso o acordo ainda seria possível, pelo menos no que se refere às premissas da discussão, seu ponto de partida. A divergência é muito mais profunda, pois diz respeito à "localização", digamos assim, daquilo que se designa por "matéria". Localização essa que, nos casos extremos mais puros, será alternativamente: ou entre objetos ou feições naturais exteriores ao pensamento, ou, no caso contrário, entre elementos conceptuais. Na maioria dos textos filosóficos em que ocorre o conceito "matéria", um exame atento e devidamente alertado revela essa indistinção entre o conceito propriamente e em si, de um lado e, de outro, o objeto da realidade exterior que ele representa, ou que deveria ou poderia referir e representar. Naturalmente os filósofos julgam sempre, ou parecem julgar ao se referirem à "matéria", estar tratando de objetos exteriores ao pensamento e incluídos na realidade e nas feições do Universo. Mas o que efetivamente estão fazendo — no caso da matéria como no de outro conceito qualquer da mesma natureza ambígua — é projetar seu pensamento e conceituação no mundo exterior e tratar assim, como incluído nesse mundo exterior, o que realmente constitui um fato de seu pensamento, um *conceito*[4].

---

[4] Particularmente ilustrativo dos termos confusos em que se situa o debate acerca de "matéria", é a longamente disputada distinção (entre os próprios escolásticos) que Tomás de Aquino faz entre "matéria-prima", que tem mais ares de puro conceito, e "matéria signata", que é matéria com extensão, e que, portanto já lembra mais algo de "material" no sentido vulgar e mais corrente da palavra.

A confusão entre esfera subjetiva e objetiva vai dar assim na projeção da primeira na segunda; a projeção da conceituação no mundo exterior ao pensamento. Fato esse que tem papel essencial em todo desenvolvimento histórico do pensamento humano. Pode-se mesmo dizer que o comum das concepções gerais acerca da realidade (isso tanto no nível da filosofia e da ciência como no das concepções vulgares) se acha fortemente influenciado por essa verdadeira inversão idealista pela qual se recria no exterior do pensamento um mundo feito à imagem desse pensamento. Isto é, modelado e configurado segundo padrões conceptuais. Engels, o primeiro, que eu saiba, a assinalar essa inversão idealista, assim a descreve: "Primeiro fabrica-se, tirando-o do objeto, o conceito desse objeto; depois inverte-se tudo, e mede-se o objeto pela sua cópia, o conceito"[5].

Daqueles padrões conceptuais pelos quais se modela a realidade, o mais importante é naturalmente o da linguagem discursiva, na qual e por meio da qual a conceituação, no mais das vezes, se formaliza e exprime[6]. Essa a razão principal por que encontramos a nossa concepção corrente e ordinária do

---

[5] Engels. M. E. Duhring bouleverse la science (anti-Duhring), trad. francesa. Paris, 1931, I, 139.
[6] Na acepção aqui adotada, reserva-se a designação de "conceito" ou "conceituação" à representação mental das ocorrências ou circunstâncias em geral do Universo. Aquilo em suma que ordinariamente se entende por "ideia". A linguagem discursiva — tal como outras verbais, gráficas e demais, como em particular a principal delas (depois da discursiva), e que é o simbolismo matemático — a linguagem discursiva constitui expressão formal, isso é, direta e imediatamente acessível aos sentidos, da conceituação.

Universo fundamentalmente conformada por estruturas verbais. É pelas formas verbais que o realismo ingênuo (que espontaneamente, e na base de nossa educação e formação ordinária, é de todos nós) enxerga o Universo e o interpreta; e é na base delas que se dispõem as feições e ocorrências da realidade universal. É daí que deriva, entre outras, a noção de um mundo constituído de "coisas" e "entidades" bem discriminadas e separadas entre si; coisas e entidades essas de cujas "qualidades" e comportamento resultam os fatos, as feições e as circunstâncias em geral do Universo. Mal se disfarça nessa concepção ingênua e integrada tanto no pensamento filosófico profissional como no ordinário e vulgar, mal se disfarça aí o modelo que o inspira, a saber, a estrutura gramatical do sujeito e predicado, e seus elementos constituintes essenciais: substantivo, adjetivo, verbo. Temos aí os materiais com que se constitui e concebe ordinariamente o Universo, com as circunstâncias que nele se verificam e ocorrem. Os *substantivos* se farão nas coisas e entidades em que o Universo é discriminado e dividido; os *adjetivos* serão as qualidades com que se revestem aquelas coisas e entidades; e os *verbos*, finalmente, designarão (e a rigor "serão" mesmo) a ação das mesmas coisas e entidades; ação essa com que se descreverá o comportamento do Universo...

Essa maneira de proceder, isto é, de inverter a ordem do processo do conhecimento que, originando-se na realidade

O que é filosofia 27

Engels

exterior ao pensamento elaborador, retorna e se projeta afinal sobre essa mesma realidade e a modela segundo seus padrões, esse procedimento tem na filosofia raízes tão fortes que a encontramos mesmo naqueles setores que mais diligentemente procuraram se libertar dos preconceitos e distorções da filosofia clássica — que vem a ser, aliás, a metafísica aristotélica que consagrou filosoficamente e projetou pelos séculos afora e até nossos dias como, aliás, veremos adiante, a confusão das esferas subjetiva e objetiva do pensamento e conhecimento. Assim, os logicalistas que fundamentalmente visavam desfazer aquelas distorções por meio do correto emprego da linguagem simbólica "perfeitamente" construída (e são essa correção e perfeição que, sobretudo visam em seus trabalhos) acabam concebendo e construindo com todas as peças esse mundo idealmente modelado para ser adequadamente descrito por aquela linguagem "perfeita" por eles pretendida. A abertura do *Tractatus lógico-philosophicus* (o evangelho, pode-se dizer, do logicalismo), de Wittgenstein nos dá conta desse mundo ideal, num encadeamento de proposições, tal qual normas de um texto legal — segundo o estilo tão característico do autor — cuja inspiração em modelos e padrões puramente gramaticais é patente e inconfundível.

Numa consideração bem alertada e atenta interpretação do desenvolvimento histórico da filosofia, vamos encontrar a comprovação não somente de que o verdadeiro objeto dela é o conhecimento em si, e não dos objetos desse conhecimento que são os fatos, as feições ou as circunstâncias em geral da realidade exterior ao pensamento elaborador (embora frequentemente, e mesmo no mais das vezes isso tenha passado despercebido), veremos não somente isso, mas ainda que foi e ainda é precisamente essa incompreensão ou falta de rigorosa discriminação entre as esferas objetiva e subjetiva, que se encontra na base dos mal-entendidos e das confusões que permeiam e viciam o pensamento filosófico, tornando tão precária a realização da tarefa que lhe incumbe.

Como foi notado, e procuraremos comprová-lo agora com os fatos históricos, a filosofia tem suas origens e ponto de partida quando o pensamento investigador do homem se volta reflexivamente sobre si próprio e seu conteúdo de conhecimentos já elaborados e conceituados, ou em via de elaboração, a fim de aferi-los, compreender o processo de sua elaboração, conceder-lhe segurança e orientação adequada para a utilização prática a que se destinam. E, para realizar isso, organizá-los e concatená-los devidamente na sua expressão verbal. Transfere-se então o pensamento investigador para outro nível. Isso é da consideração das feições e dos fatos da realidade exterior, bem como da atividade elaboradora do conhecimento dessa realidade, passa-se para a consideração desse mesmo conhecimento em si, e processo de sua elaboração. Isso, contudo, não se perceberá plenamente desde logo, dando lugar à confusão das esferas subjetiva (objeto da filosofia) e objetiva (objeto da ciência). E com isso se baralham os distintos níveis de elaboração do conhecimento.

Observemos essa sequencia de fatos históricos e as primeiras manifestações do mal-entendido e da confusão que viciariam daí por diante o pensamento filosófico já no desabrochar da filosofia grega. Nesse prelúdio do que seria a matriz principal de todo pensamento ocidental através dos séculos, verifica-se muito bem aquela transição da elaboração cognitiva para novo nível que será o da filosofia que então se inaugura.

Esse momento se situa nos chamados "físicos de Mileto", e vai-se, sobretudo, revelar na natureza do problema central proposto por esses precursores da filosofia grega, e que seria o seu ponto de partida. A saber, o problema da "substância" universal que daria origem a todas as coisas e as teria constituído. Tales dirá, como se sabe, que é a água. Anaxímenes, o ar; Anaximandro, uma substância indefinida, *apeiron*.

Como se explica a proposição desse problema da existência de uma substância universal originária de todas as coisas? É o que não tem preocupado devidamente os historiadores da filosofia, como se a questão se apresentasse espontaneamente e fatalmente, sem necessidade de maior explicação. Entretanto, as circunstâncias em que ela se propõe, tanto seus antecedentes como seu desenvolvimento futuro, nos dizem muita coisa a respeito e mostram que o pensamento grego se engajara aí em nova direção, que embora preparada e condicionada pelo que a precedera, assumia outro sentido bem diverso do anterior. Os milésios trouxeram grande contribuição, como se sabe, para a ciência e o conhecimento dos fatos da natureza. Mas o tema que os ocupa centralmente e que diz respeito à "substância" constituinte do Universo representa sem dúvida alguma coisa bem diferente e um novo caminho imprimido a seu pensamento. Constitui erro, assim penso, e imperdoável anacronismo considerar — como frequentemente se tem feito ou pelo menos insinuado — que os pensadores gregos estivessem preocupados com a substância ou o elemento constituinte do Universo com o mesmo espírito com que os físicos da atualidade e de um século para cá investigam as "partículas" ou outras ocorrências de cujas estruturas, disposição e comportamento no plano microscópico, resultam os fatos observados no plano macroscópico que é o nosso usual de todos os dias. Estruturas e comportamento esses com que se torna possível explicar tais fatos, ou antes, representá-los conceptualmente (mentalmente) e formalizar e exprimir essa representação que os descreve por meio do simbolismo matemático. Evidentemente, preocupações dessa natureza eram completamente estranhas, como não podia deixar de ser, aos pensadores gregos. Nem possuíam eles lastro suficiente de conhecimentos para cogitar delas, tampouco a maneira de propor o assunto e em seguida desenvolvê-lo apresentam a mais remota analogia com o que ocorre nos procedimentos da ciência de nossos dias.

De fato, o que os pensadores que se ocupam do assunto têm em mira é essencialmente uma questão gnosiológica que constituirá o pano de fundo de todo debate, e tema central da filosofia grega em geral. Já em outra oportunidade procurei desenvolver esse assunto[7] que consiste resumidamente no seguinte. Trata-se em suma e esquematicamente de explicar como neste mundo tão variado e em permanente fluxo e transformação; onde as feições naturais se apresentam aos sentidos não somente sob tal multiplicidade de aspectos a ponto de nunca se assemelharem perfeitamente entre si; como também porque se modificam sem cessar; trata-se assim de explicar como é possível neste mundo tão variado e variável, multiforme e em fluxo e transformação permanentes, como é possível um verdadeiro e legítimo conhecimento que implica uniformidade e permanência, condições essas indispensáveis

---

[7] Dialética do conhecimento, 5ª ed., 1969, I, 177.

para a caracterização e identificação dos objetos daquele conhecimento. Todo conhecimento começa necessariamente por essa caracterização e identificação dos objetos que se trata de conhecer, o que somente é concebível na uniformidade e estabilidade deles.

Os milésios responderão a essa questão, que é, como se vê, fundamentalmente gnosiológica — trata se no essencial de estabelecer e fixar as condições do conhecimento[8] — com a sua substância material ou assemelhada que preencherá para eles a função de representar o substrato permanente e estável do Universo que faz possível o conhecimento. Com isso, os milésios davam bem mostra da ingenuidade de suas concepções ainda presas inteiramente a um nível rudimentar e grosseiro de conhecimento não liberto do empirismo de seus começos, e confundido por isso com os dados diretos e imediatos dos sentidos com que o homem entra em primeiro e original contato com a realidade exterior.

Uma nova geração de pensadores mais maduros que segue esses precursores e se inaugura na segunda metade do VI século a.C. procurará dar à questão uma resposta

---

[8] Mais tarde, mas sempre na mesma linha de pensamento, Platão usará como fundamento básico de sua doutrina das ideias (sobre o que voltaremos adiante) o argumento referido por Aristóteles que procura refutá-lo: "Se há ciência e conhecimento de alguma coisa, devem existir algumas outras naturezas além das naturezas sensíveis, realidades estáveis, pois não há ciência do que está em permanente fluxo". Aristóteles. Metafísica, trad. francesa de J. Tricot, 1,733.

mais profunda — embora a mesclem ainda, em grandes proporções, com as grosseiras concepções derivadas dos milésios; concepções essas que somente desaparecerão na obra de Platão. A multiplicidade e instabilidade das feições naturais serão por eles atribuídas à ilusão enganadora dos sentidos. Por trás dessa ilusão, dirão eles, se abriga a verdadeira realidade, onde se encontram a uniformidade e permanência que se trata de apreender e que proporcionarão o legítimo conhecimento. A identidade desse princípio ideal (ou pelo menos semi-ideal, como é o caso dos mais antigos pensadores dessa fase), princípio unificador da natureza, variará segundo os filósofos: serão os *números*, para Pitágoras; o *SER*, para Parmênides; o *Logos*, para Heráclito; o *Nous*, para Anaxágoras... Mas seja qual for a natureza atribuída ao princípio unificador, ele mal disfarça e em última instância se confunde sempre com o *pensamento*. E a solução do problema da uniformidade na multiplicidade, e da permanência no fluxo das coisas e feições do Universo, se transferirá para o plano do pensamento do homem, exibindo-se com isso a natureza do que seria a filosofia e seu objeto, que não consistia, como poderia às vezes parecer à primeira vista, e nas concepções grosseiras dos milésios podia mesmo iludir, não consistia nas feições da natureza. O objeto de que se ocupam os pensadores que mereceram, e com acerto, a qualificação de "filósofos" (pois de outra forma seriam, como realmente os houve, simplesmente homens de ciência), esse objeto eram o pensamento e o produto da elaboração desse pensamento que vem a ser o conhecimento. Isso é patente sobretudo, e por isso o destacamos aqui, naquela concepção que mais se projetaria no futuro desenvolvimento da filosofia, e durante séculos constituiria, podemos dizer, seu tema central. Refiro-me ao SER de Parmênides, que é afinal, e sem embargo da tempestade verborrágica que a metafísica desencadearia em torno do assunto[9], não é senão expressão geral e formal da operação mental com que se qualificam e identificam as feições da natureza, e com isso se caracterizam, determinam e fixam. O SER é originariamente a cópula (verbo) com que formalmente se exprime a *qualificação* e se designa a *identificação* (a árvore é um vegetal, o homem é racional, isto com que escrevo é uma esferográfica...). Não pode haver dúvida que Parmênides pressentiu com sua concepção, confusamente embora, mas com mais clareza que qualquer de seus contemporâneos, que a questão central proposta pelos milésios se situava efetivamente no plano conceptual. Que se tratava, para empregarmos uma linguagem no caso anacrônica, de um problema da "teoria do conhecimento". O pressentimento de Parmênides — que

---

[9] Heidegger chega a considerar o "problema" do SER o centro da filosofia e entende que, se a palavra SER não existisse, não existiria o homem como tal!

aliás, ficará nisso, degenerando em sua esdrúxula e grosseira imagem de uma "esfera imóvel, sem princípio e sem fim" — encontrará seu intérprete — em seguimento aos sofistas e sobretudo Sócrates — em Platão.

Não vamos aqui entrar no exame da filosofia platônica. Ela se resume no essencial, pode-se dizer, na observação de Raphael Demos: "A filosofia de Platão se sumariza na vida da razão"[10]. Não importa que Platão tenha hipostasiado a razão, fazendo dela um mundo suprassensível à parte: o mundo das ideias que faz contrapeso e contrasta com o mundo sensível; que constitui o protótipo de que esse mundo sensível não é senão imperfeita reprodução. Esse mundo das ideias não é senão o *pensamento*, a função pensante e a atividade racional do homem. E é desse pensamento disfarçado, sublimado e substancializado que o filósofo se ocupa. E se ocupa num exame que, desbastado do floreio em que este poeta que foi Platão o envolve, revela efetivamente, e com precisão e segurança, alguns dos aspectos essenciais da atividade do pensamento na estruturação do conhecimento. Em particular, o processo mental da identificação e qualificação, fundamento e ponto de partida de toda atividade racional na elaboração e expressão do

---

[10] The Dialogues of Plato, translated into english by B. Jowett, M. A. Introdução, X. — Weber dirá: "[Para Platão] o mundo sensível todo inteiro não é senão um símbolo, uma figura, uma alegoria. É a coisa significada, a ideia expressa pelas coisas que somente interessa ao filósofo". Alfred Weber. Histoire de la philosophie europeéne. Paris, 1925, p. 62.

conhecimento, encontra em Platão um analista seguro. E foi a compreensão desse processo que permitiu a Platão abrir as perspectivas para a formulação da lógica formal que, já delineada e potencialmente contida na obra do filósofo, será desenvolvida por seu discípulo e sucessor Aristóteles, que lhe dará forma final e acabada.

Se alguma dúvida houvesse, nos filósofos que antecederam Platão e lhe prepararam o caminho, acerca da natureza e do objeto da filosofia nesta sua fase preliminar e ponto de partida do que seria o pensamento grego, essa dúvida se desfaz inteiramente na consideração e no exame da obra platônica que consistiu em continuar e prolongar a linha de desenvolvimento daquele pensamento, procurando, e com grande sucesso, dar resposta às perguntas nele propostas. Aquilo de que Platão se ocupa, em continuação aos pensadores que o precederam, e que constitui o objeto essencial e fundamental de sua obra, contribuição máxima para a cultura, são o pensamento e o conhecimento tal como nós hoje o conceituamos. O seu ponto de partida e questão primeira que a ele se propõe é a mesma de toda a filosofia grega desde seu nascedouro com os milésios e centralizada, como vimos, no problema da unidade e permanência na diversidade e fluxo em que a natureza se apresenta aos sentidos, "unidade e permanência" essa que já se fixara (no consenso geral, ou pelo menos decisivamente dominante) no SER de Parmênides, que não vem a ser senão — isso também se consagrara — o *universal*, idêntico e permanente, em contraste com o *particular* dado na percepção sensível e diverso e em transformação constante. *Universal* que se revela e representa na ideia, no conceito.

É daí que Platão parte. O que, traduzido para nossa linguagem ordinária e corrente, vai dar em que as ideias do platonismo não são outra coisa mais que aquilo que entendemos por conhecimento.

Platão exterioriza suas ideias e lhes concede uma existência extra-humana. Mas vistas mais de perto e no quadro de nossas concepções atuais (que têm atrás de si a alimentá-las e a lhes darem base, não o esqueçamos, a longa experiência, aprendizagem e progresso cultural e científico milenares de que somos herdeiros) tais ideias são apenas e simplesmente as nossas "ideias" vulgares; *conceitos* cujo conjunto constitui o conhecimento. A análise que Platão faz das ideias, procurando determinar a sua natureza e estruturação, a disposição relativa em que elas em conjunto se articulam e entrosam entre si, sua derivação e filiação umas das outras — e aí Platão apresenta um dos capítulos mais fecundos de sua obra, quando, entre outros no *sofista*, considera a "classificação", isto é, a operação mental de classificar — tudo isso significa na realidade análise do conhecimento e da sistemática conceptual em que os conhecimentos se apresentam. É desse conhecimento, portanto, que Platão, e mais que ele, a própria filosofia para cujo embasamento e constituição o platonism'o tanto contribuiu, é disso que se trata. A filosofia como conhecimento do conhecimento se revela aí claramente.

Pode-se mesmo dizer que Platão, embora envolvendo suas concepções num manto de misticismo e fantasia literária que lamentavelmente as ofusca e muitas vezes lhes torce o sentido profundo, bem como disfarça o que deveria ser sua contribuição mais fecunda para a devida proposição das verdadeiras questões da filosofia, pode-se dizer que Platão teve a intuição e marcou, com um máximo de clareza para um precursor, a distinção entre conhecimento e conhecimento do conhecimento; entre ciência e filosofia. Desenvolvendo uma noção já em germe nos filósofos seus antecessores, e particularmente em Parmênides que separava o conhecimento da simples opinião, Platão, que emprega, aliás, as mesmas designações, acentua o objeto daquelas duas esferas. A primeira objetivaria as "imagens" (dados sensíveis), a outra, as "ideias", constituindo esta outra a "cumeeira do saber"[11].

---

[11] Estamos naturalmente esquematizando, para fins de simples exposição sumária, o pensamento de Platão, na realidade mais complexo. Veja-se a respeito, em particular, a parte final do Livro IV de República.

Não é difícil para nós hoje em dia identificar atrás dessa distinção aquela que efetivamente ocorre entre o que designamos por "ciência" e "filosofia": a primeira ocupando-se com os dados experimentais colhidos na consideração direta das feições e ocorrências da Realidade; e a filosofia, com as *ideias* (diríamos melhor "conceitos" ou representações mentais daquela realidade exterior carreada pela experiência). Só que Platão inverte a nossa ordem de precedência, processamento e estrutura do conhecimento: para ele, as "imagens" ou os dados da experiência são reflexos ou cópias aproximadas e imperfeitas das "ideias"; enquanto para nós, isto é, à luz das concepções científicas de nossos dias (se bem que ainda sobrem idealistas que pensam diferentemente e, embora nem sempre com muita consciência disso, aproximam-se mais de Platão), são as "ideias" que constituem reprodução, ou melhor, "representação" da Realidade.

A distinção entre conhecimento e conhecimento do conhecimento aí está. E tivessem os sucessores de Platão insistido nesse ponto, logrando ao mesmo tempo despir o platonismo do véu místico que o envolve, sem desprezar aquela distinção, e outra teria sido talvez a marcha da filosofia. Mas as coisas não estavam maduras para isso, que viria gradualmente, muito mais tarde, na base do progresso científico, como veremos adiante. E, pelo contrário, quem desembaraçará o platonismo, nisso com todo acerto, de suas complicações místicas e envolvimento poético, será ao mesmo tempo quem mais contribuirá para borrar a distinção nele feita entre ciência e filosofia. Ou antes, entre os objetos respectivamente de uma e outra esfera do saber. Será esse Aristóteles que introduzirá ou, pelo menos, cuja obra servirá para fundamentar a grande confusão e mal-entendido que viciarão daí por diante, e através dos séculos, o pensamento filosófico. E científico também. E que ainda hoje encontram forte ressonância e reflexos poderosos.

Aristóteles elimina a distinção estabelecida por Platão entre os objetos da ciência e da filosofia — empreguemos, para cortar confusões, a nossa terminologia moderna, em substituição à de Platão para quem só a filosofia, ou dialética (a dele, Platão), constituía "conhecimento". E trazendo as ideias platônicas da esfera suprassensível em que se encontravam, para as coisas do mundo sensível, confunde assim o objeto do conhecimento com o conhecimento como objeto. De fato, Platão separara as "ideias" das coisas sensíveis que não seriam mais que cópias deformadas da "verdadeira" realidade daquelas coisas. Tal como os círculos que traçamos ou que encontramos na realidade sensível (como por exemplo, os círculos concêntricos produzidos numa superfície d'água tranquila pelo impacto de uma pedra nela caída), círculos esses que seriam uma reprodução aproximada, mas imperfeita do círculo real que concebe a matemática. Aristóteles integra aquelas "ideias" nas próprias "coisas" da realidade sensível. Para ele, o que Platão designa por "ideias" não são mais que diferentes maneiras com que concebemos as coisas — e com isso Aristóteles descarta com grande acerto o misticismo platônico. Mas essas maneiras de conceber as coisas, ou seja, as "categorias" do entendimento (substância, qualidade, quantidade, relação, lugar, tempo, situação, maneira de ser, ação sofrida), constituem para Aristóteles maneiras de ser das próprias coisas. Isto é, elas *são* tudo isso — substância, qualidade, quantidade, etc. E não apenas se concebem e denominam como tal[12].

Em suma, e exprimindo-nos em linguagem mais atualizada, os conceitos e a conceituação com que representamos mentalmente a realidade exterior ao pensamento, é incluída por Aristóteles nessa própria realidade. É o que denominamos acima de "inversão idealista", que consiste em projetar as operações e fatos mentais na realidade extramental e exterior ao pensamento e nela integrando-os. As representações mentais (ideias ou conceitos) se elaboram pelo pensamento a partir da realidade exterior (que

---

[12] Alfred Weber, op. cit, 77. Como bem demonstrou Zeller, as categorias aristotélicas têm um caráter metafísico e ontológico tanto quanto lógico: são formas do atributo, predicados do ser, e não, como em Kant, formas subjetivas do pensamento. Cito J. Tricot, La métaphysique, I, 270, n. 2.

são as feições e ocorrências da natureza com que o indivíduo pensante se defronta). A inversão idealista consiste em levar essas ideias ou conceitos, que evidentemente não são aquelas feições e ocorrências, e sim a sua *representação* no pensamento, levá-las de retorno às mesmas feições e ocorrências, considerando-as nelas incluídas. Lembramos, como exemplificação da inversão idealista que ainda hoje é fator de não pouca confusão, o caso do conceito "matéria", que de conceito se faz, ou antes, é feito em constituinte das coisas que compõem o Universo. E ainda voltaremos ao assunto mais adiante.

É isso que Aristóteles faz, e é o que viciará profundamente não só a filosofia subsequente, mas ainda os hábitos ordinários de pensar e maneira de ver e de interpretar as coisas generalizadamente arraigadas em toda a cultura ocidental para cuja conformação Aristóteles direta ou indiretamente tanto contribuiu. Embaraçará também a marcha da elaboração científica que somente ganhará impulso quando modernamente se libera da filosofia, ou antes, da metafísica em que a filosofia se envolvera.

Vejamos como Aristóteles desenvolve seu pensamento, as conclusões a que chega e as consequências a que por elas é levado. Platão, seu mestre, concentrara a "uniformidade e permanência" — condição para os gregos, como referimos, do conhecimento — no mundo das ideias fixas e estáveis, e por isso distinto e separado do variegado mundo da percepção sensível, mundo instável e em permanente fluxo e transformação. E Platão assim procedera, no depoimento do próprio Aristóteles, num texto que já referimos antes, porque, "se existe a ciência e o conhecimento de algo, devem existir outras realidades além das naturezas sensíveis; realidades estáveis, pois não há ciência daquilo que está em perpétuo fluxo". Tais "outras realidades estáveis" além do mundo sensível, seriam as "ideias".

Mas para Aristóteles, que tem os pés mais firmes na terra que o sonhador e poeta que é seu mestre, embora reconhecendo a necessidade para o conhecimento de uma base estável em que se apoiar e fundar, para Aristóteles são precisamente outras realidades, mas ao alcance da percepção sensível, que se trata de desvendar, conhecer e compreender. É esse mundo dos sentidos, variegado e aparentemente tão instável que cerca o homem e onde ele vive, a "natureza sensível", como Aristóteles a denomina, e que as ideias platônicas marginalizam, é isso que importa. E para o conhecimento da natureza sensível, "as ideias não são de nenhum auxílio"[13]. Não será isolando a fonte do conhecimento da natureza sensível e isolando-a num mundo à parte de ideias, como fez Platão, não é

---

[13] Aristóteles. La métaphisique, trad. cit., M, 5, II.

assim que se alcançará aquela natureza sensível que é o que interessa, segundo Aristóteles, e que ele objetiva conhecer. "É graças aos princípios e com os princípios", afirma Aristóteles, "que se conhece o resto"[14]. E no esquema platônico, os "princípios" ficariam naturalmente restritos ao mundo apartado e estanque de realidades estáveis, as ideias, que eles encarnam e exprimem.

É preciso assim substituir o esquema platônico, e abrir caminho para comunicar o setor estável da realidade onde se situam o conhecimento e os princípios, e que Platão apartara e isolara, é preciso comunicá-lo com a natureza sensível que se trata de conhecer. É o que fará Aristóteles, estabelecendo a comunicação pela "dedução" do *particular* (que é o dado na percepção sensível) a partir do *universal* que substitui de certa forma a ideia platônica, e que é o verdadeiro SER e seu conhecimento. Dedução essa cujo processamento e método (que será a sua grande realização) Aristóteles vai buscar no exame do *discurso*, a linguagem discursiva, informando-se para isso, em especial, nos modelos dialéticos (debates orais) de seus antecessores na matéria, os sofistas; e, sobretudo, nos diálogos de seu mestre Platão. É num tal exame que Aristóteles logrará destacar e revelar os elementos ou "formas" essenciais da estrutura básica da linguagem discursiva. Ou seja,

---
[14] Id., A, 2. I, 15.

a maneira ou forma como se dispõe e interliga nos seus termos a expressão verbal capaz de, pela sua coerência, demonstrar, com segurança e sem contestação possível, opiniões ou teses defendidas; e convencer com isso o interlocutor. Circunstâncias essas que se admitiam *a priori* como prova incontestável do acerto — a "verdade" — das conclusões.

É com isso, reduzido a normas precisas, que Aristóteles constituirá a sua lógica, que tem como núcleo central, como se sabe, o *silogismo*. Precisamente o instrumento que Aristóteles necessitava para realizar sua almejada "dedução" do *particular* a partir do *universal*. Isto é, o entrosamento e a sequência verbal coerente (não contraditório), de uma para outra, das expressões verbais daqueles dois termos da operação dedutiva, respectivamente o universal e o particular.

É na base e com a manipulação dessa sua lógica, que Aristóteles procurará a sistematização dos conhecimentos do seu tempo e entrosamento dedutivo da expressão verbal deles. Tarefa que muito pouco tem de "científico" propriamente, no sentido de que hoje se dá à ciência e sua elaboração — afora a coleção dos parcos dados empíricos existentes na época e ao alcance de Aristóteles, no que, aliás, ele se mostra muito bem informado. E constitui de fato tentativa e ensaio — o que era, aliás, o que Aristóteles pretendia, embora sem muito discernimento do que realizava — ensaio de modelo de entrosamento dedutivo daqueles dados empíricos dentro da sistemática conceptual, e sua expressão verbal, implícitas nos conhecimentos do seu tempo e que ele soube, em suas linhas gerais, revelar. "O método que Aristóteles emprega para o estudo dos fenômenos [fatos físicos]", observa um dos mais modernos tradutores e autorizados comentaristas dos textos aristotélicos, "é antes de tudo dedutivo e sistemático. Nas *Meteorológicas*, como em toda sua obra, Aristóteles julga que uma explicação verdadeira não pode ser senão racional"[15]. Isto é, apresentado de maneira formalmente coerente, que vem a ser aquilo que ordinariamente chamaríamos de "lógico". E poderíamos acrescentar o inverso: que a explicação racional é necessariamente verdadeira.

Em suma, o que Aristóteles de fato realiza é a organização e a integração (na medida do possível, bem entendido, e que não podia ser, como não foi, muito ampla e rigorosa) da conceituação de seu tempo relativa aos objetos tratados no que hoje seriam a física, a astronomia, a biologia, etc., em sistemas lógico-formais. Isto é, expressos em forma verbal coerente, de modo a se poderem deduzir logicamente (dentro dos cânones lógicos) os dados empíricos disponíveis.

---

[15] J. Tricot. L. météorologiques. Introdução, VIII. Paris, 1941

Note-se de início — e isso é importante para o que nos interessa aqui centralmente — que assim procedendo Aristóteles estará de fato e essencialmente ocupando-se não com os fatos propriamente e os dados empíricos que a percepção sensível proporciona; e sim com a maneira de filiar esses dados — seria a sua "dedução" — a uma conceituação preexistente ou pelo menos presumida; ou melhor, dada *a priori*. E dentro dela enquadrá-los. A maneira de justificá-los logicamente por meio de um enquadramento e integração numa sistemática conceptual pré-formada. "Racionalização", diríamos hoje.

A atenção de Aristóteles numa tal tarefa estará assim primordialmente voltada, como logo se vê para aquela sistemática conceptual e sua estrutura, procurando alcançá-la pela aplicação do seu método. Tanto é assim que seu resultado principal não será propriamente uma contribuição científica, na acepção corrente de nossos dias — o que a obra de Aristóteles, como já foi notado, não oferece — e sim um exemplo de modelo de aplicação da lógica na consideração dos dados sensíveis da observação empírica, visando como que uma interpretação "lógica" do comportamento da natureza tal como ela se apresenta naqueles dados. Em conclusão, o interesse de Aristóteles e a contribuição que oferece, afinal, se fixam *essencialmente* não nos fatos que refere, e sim no conhecimento deles, no conhecimento em si. O objeto é assunto de que Aristóteles se ocupa em seus tratados relativos aos fatos da natureza — físicos, geológicos, astronômicos, biológicos, etc. — não são direta e essencialmente tais fatos, e sim a *maneira como esses fatos são concebidos, ou devem ser concebidos; os conceitos em que se enquadram; e como esses conceitos se hão de entrosar uns com os outros, logicamente se estruturarem e formalmente exprimirem no discurso*. Aristóteles estará não elaborando conhecimentos ou expondo seus procedimentos no processo de elaboração, o que consistiria em compor nova conceituação, ou remodelar a existente na base de dados originais, ou antes, não considerados devidamente e que se trataria de determinar e incluir na conceituação existente, dando-se assim conta deles. Não é isso a obra de Aristóteles que estará antes e como que oferecendo e ilustrando um modelo lógico. Ocupando-se, pois, não do conhecimento propriamente, mas do conhecimento do conhecimento. E faça-se de Aristóteles o juízo que for e já sem falar na sua lógica, o significativo da obra que deixou e que tamanho papel desempenharia na evolução do pensamento humano, bem como aquilo que se pode considerar nessa obra a sua "filosofia", isso não será elaboração científica nem outra coisa senão um tal conhecimento do conhecimento.

É isso a obra de Aristóteles. Obra que constituiu a complementação e encerramento de um ciclo decisivo do pensamento humano, e que vem a ser a tarefa empreendida pelos pensadores que precederam Aristóteles no mesmo rumo, desde os pioneiros da filosofia grega até os sofistas, Sócrates e Platão que foram sucessiva e progressivamente contribuindo para a ascensão do pensamento e conhecimento, do empirismo rudimentar e grosseiro que constitui a primeira e mais primitiva etapa da evolução mental do indivíduo pensante e conhecedor que é o homem, para o racionalismo propriamente que faz então sua entrada decisiva na cultura humana. Do conhecimento limitado à simples constatação empírica e registro de fatos diretamente acessíveis à percepção sensível, e de sua representação imaginativa segundo modelos sensíveis de fácil e imediata identificação (como os arcos de uma roda com que Anaximandro ainda explicava os "fogos celestes"; ou a própria substância do Universo modelada com materiais comuns)[16] passam os pensadores gregos a um plano abstrato, e vão ocupar-se reflexivamente do próprio pensamento em si, e da sistematização do conhecimento; procurando realizar no conjunto dele o que a lógica designaria mais tarde por "coerência". A saber, o entrosamento

---

[16] Note-se que Aristóteles também lança mão desses modelos sensíveis, como, entre outros, os quatro elementos do mundo sublunar engendrados pelos princípios — o quente, o frio, o úmido, o seco (Os geração e Corrupção, II, 2 e 3); ou as "exalações" destinadas a dar conta dos fenômenos os mais estranhos uns a outros... Mas aí o pensamento central já é outro: como observa Tricot, trata-se de reduzir essa variedade a uma "unidade fundamental da razão". LBS météorologiques, Intr., VIII.

disciplinado e não contraditório da conceituação e sua expressão verbal. Ou seja, a adequada estruturação conceptual e de suas formas expressivas, em contraste com o simples registro empírico e disperso de representações sensíveis imediatas que caracteriza a fase anterior. A obra de Aristóteles oferecerá assim, a par de sua lógica e método de pensamento que implica, o primeiro esboço e modelo, grosseiro embora, para uma tal racionalização geral do conhecimento. A sua "logificação", podemos assim denominar o processo. Em suma, o conhecimento se torna em sistema geral abstrato e de conjunto, e por isso mesmo de mais fácil acesso, evocação, comunicação eficiente e utilização na ação, o que constitui afinal o objetivo da função humana do conhecimento.

Note-se que não seria isso certamente, nem poderia ser o que Aristóteles deliberadamente objetivava. Aquilo de que julgava cuidar e de que pretendeu ocupar-se em seus tratados naturais, era o conhecimento da realidade da percepção, desses seres sensíveis que, por sua diversidade e instabilidade, e nada mais que imperfeitas cópias dos verdadeiros seres que seriam as ideias, seu mestre Platão deixara de lado e reputara impossíveis de legítimo conhecimento, e objetos unicamente da opinião. Aristóteles, em oposição a seu mestre, acreditava chegar a esse conhecimento, como vimos, pela *dedução* de que revelou o método, a sua lógica, e precisamente para aquele fim. Mas para justificar a legitimidade de sua dedução, havia que ligar o ser, o conceito dado no *universal*, e que Platão isolara nas suas ideias, ligá-lo com a realidade sensível expressa no *particular*. Como realizá-lo?

É o que Aristóteles desenvolve no que seria a sua metafísica, a sua concepção geral e fundamental da realidade que se faria padrão do pensamento filosófico pelos tempos afora. E que, embora retocado continuamente através dos séculos, torcido e retorcido pelas sucessivas gerações de pensadores e escolas filosóficas na tentativa, de muito poucos resultados, de ajustá-la às novas feições que o conhecimento foi tomando, e harmonizá-la com o progresso desses conhecimentos; embora tudo isso, a metafísica aristotélica ainda conserva até hoje seus quadros fundamentais que impregnam o pensamento moderno e lhe trazem toda sorte de dificuldades e deformações.

Vejamos esquematicamente os pontos essenciais e linhas mestras dessa metafísica, e em especial as circunstâncias que a inspiram em seu nascedouro, e que foram, como se notou, a necessidade de fundamentar o método dedutivo com que Aristóteles julgava alcançar o conhecimento da realidade sensível. A atenta consideração de tais circunstâncias esclarece muita coisa dos rumos que tomaria o pensamento filosófico; e contribui em particular para a compreensão dos principais problemas e questões que a perspectiva metafísica, subjacente naquele pensamento, iria suscitar, mesmo depois de formalmente e oficialmente posta de lado pelos principais setores do pensamento moderno. O que não impediu que se conservasse latente em muito dele e em questões pendentes até os dias de hoje. O interesse do assunto continua assim a ser da maior atualidade.

Na metafísica, Aristóteles transfere a sua lógica, e com ela o método dedutivo que implica — lógica e método que de fato não são senão sistemas derivados de formas linguísticas[17] — transfere sua lógica para os fatos da realidade concreta, para o mundo das "coisas sensíveis", designação com que o próprio Aristóteles por vezes se refere às "realidades da percepção" que trata de conhecer pela aplicação do método. Simples "transferência" de fato porque a nada mais que isso corresponde essa concepção aristotélica, centro nevrálgico da metafísica, que vem a ser a da geração das "coisas sensíveis" (que afinal não são senão o "particular", em contraste com o "universal") pela "realização" da *forma* — aquilo que faz a coisa ser o que é — na *matéria*, substância indeterminada das coisas sensíveis, mas que reúnem em cada caso as condições específicas necessárias para

---

[17] Já tem sido observada a coincidência das estruturas e categorias lógicas e gramaticais. Abordam o assunto dois trabalhos incluídos no nº. de 1958 de *Les études philosophiques*, Paris: *Pensée et grammaire*, de Jean Fourquet; e *Catégories de pensée et catégories de langue*, de Émile Benveniste. Não se procurou todavia ainda, que eu saiba, concluir daí o que me parece evidente, e se confirma historicamente — como aliás já foi notado acima —, que a lógica formal clássica se elaborou na base da linguagem discursiva. Nada tem a ver com "leis do pensamento", ou estruturas a priori pré-formadas não se sabe onde.

que a forma determinada possa nela se concretizar ou gerar; que tenha a "potencialidade" para isso, que seja a "coisa em potência", na terminologia aristotélica. Para usar uma ilustração, entre outras do próprio Aristóteles: tal como se dá com o "lenho" relativamente ao "cofre" que é com ele confeccionado: o lenho seria a matéria em potência na qual a forma "cofre" se realiza é gerada[18].

Ora, a forma, que é essência ou "aquilo que faz a coisa ser o que é", se reduz na terminologia aristotélica à ideia, ao universal[19]. E assim, tal como na lógica aristotélica o particular se "deduz" do universal, assim também a coisa sensível, que é o "particular", se "gera" pela realização da forma potencial contida na matéria; forma essa que vem a ser o "universal". Os dois casos se emparelham: de um lado a operação lógica pela qual se alcança o conhecimento das coisas sensíveis — o que as coisas são —; de outro, o fato concreto em que se geram as coisas. Ambos se confundem; vêm no final a dar no mesmo.

E consuma-se com isso a inversão idealista aristotélica, a confusão das esferas subjetiva e objetiva que se projetará pelos séculos afora e ainda impregna até hoje o pensamento filosófico — e com ele a maneira ordinária de pensar, e em muitos casos até mesmo a científica, ou

---

[18] *Metafísica*, IX, 7.
[19] E. Zeller, *Outlines of the History of Greek Philosophy*, trad. ingl. de L. R. Palmer. London, 173.

que se pretende ou presume científica. A confusão das "coisas" (que é a designação tradicional e consagrada da metafísica e, aliás, corrente em todos os setores, para indicar as feições do Universo, e assim fragmentá-lo, numa outra instância da inversão idealista, à imagem da expressão verbal) a confusão das "coisas" com a *maneira* como se conhecem. E a confusão consequentes do conhecido com o conhecimento; da esfera exterior ao pensar e objeto dele, com esse próprio pensar.

O que praticamente vem a consistir — na tarefa de interpretação da realidade e elaboração do conhecimento e da construção da ciência — na confusão do conhecimento com o conhecimento do conhecimento, com o embaralhamento de seus respectivos objetos. O pesquisador, mais precisamente o filósofo de formação aristotélica — e muitas vezes o cientista também, pretende ocupar-se de ocorrências e circunstâncias da natureza, e frequentemente julga fazê-lo, quando de fato se encontra na perspectiva do conhecimento do conhecimento, e vai tratar não daquelas ocorrências, e sim do conhecimento que se tem delas, de sua representação mental ou conceito, e de sua expressão verbal que assim, inadvertidamente, se projeta na realidade considerada. Já nos referimos acima a essa confusão e projeção idealista ao lembrarmos o caso tão flagrante do conceito "matéria". Outra instância característica no assunto, fartamente conhecida, debatida e de considerável papel na história e evolução do pensamento filosófico, bem como do científico também, é a dos conceitos "espaço" e "tempo". Em virtude daquela deformada perspectiva e inversão, o "espaço", de simples relação de situação ou posição de uns objetos com respeito a outros; e o "tempo", de relação de sucessão de situações[20], isto é, de simples conceitos mentalmente representativos de circunstâncias particulares da realidade se farão, uma vez transpostos para essa realidade e nela confundidos e substancializados, se farão num espaço e tempo absolutos e de realidade e existência extramental concreta e em si, independentemente de quaisquer objetos eventualmente neles presentes e incluídos. Algo como, para o "espaço", um continente extenso e infinito predisposto para conter e abrigar no seu interior as coisas de um Universo nele eventualmente introduzido; mas que dele inteiramente independe, podendo ser concebido como sem esse conteúdo. E, no que diz respeito ao "tempo", seria como o desenrolar no vácuo dessa outra entidade *ad hoc* inventada e que seria a "Eternidade", a presenciar ou o vazio, ou o perpassar incidente de coisas e ocorrências eventualmente presentes no correr de uma existência sem começo nem fim...

---

[20] Leibniz dirá do espaço e tempo que "são ambos uma ordem geral das coisas. O espaço é a ordem das coexistências, e o tempo, a ordem das existências sucessivas. São coisas verdadeiras, mas ideias, como os números", Opera (ed. Dutens), III, 445.

A literatura filosófica — com extensões traiçoeiras inclusive para o campo da ciência — aí está para exibir o infindável debate sem perspectivas, e os paradoxos sem conta, nem saída, a que levaram e levam ainda hoje baralhamentos como esses das esferas subjetiva e objetiva. A confusão da realidade concreta com o pensamento dessa realidade, o que dá na confusão do conhecimento com o conhecimento do conhecimento.

Nesse sentido, e de certo modo, poderíamos dizer — possivelmente com alguma dose de anacronismo — que a obra de Aristóteles constituiu um passo atrás nas realizações de seus antecessores. Estes, embora sem muita clareza e precisão, muito pelo contrário, é força reconhecer, e de forma grosseira no tratar o assunto, tinham ao menos vislumbrado a distinção entre as esferas mental e extramental. Parmênides, por exemplo, como foi lembrado, ocupa-se em separado daquilo que respectivamente designa por "verdade" (que diria respeito à esfera mental) e por opinião, que constituiria o que hoje designaríamos por conhecimento propriamente (em contraste com o conhecimento do conhecimento) ou ciência empírica, isto é, dirigida direta e imediatamente para a realidade exterior ao pensamento. Em Platão, essa separação se faz ainda mais radical, e de tal modo extremada que as ideias platônicas se substancializam num mundo supersensível bem destacado do sensível que constituiria a realidade de nossa experiência concreta ordinária. Com toda sua fantasia poética e deformação mística, a concepção platônica tinha pelo menos o mérito de distinguir as duas esferas respectivamente mental e extramental. Obviava-se com isso a confusão em que incorreria Aristóteles e de tão danosas consequências que até nossos dias ainda vicia o pensamento filosófico, fazendo-o tão frequentemente perder de vista suas verdadeiras e legítimas metas com a proposição de questões sem conteúdo real algum e incapazes de levar a outra coisa senão a um infindável e estéril debate em torno do significado de conceitos ou pseudoconceitos reduzidos a simples formulações verbais que já há muito perderam qualquer ligação com a realidade em que vivemos e que condiciona a existência humana — se é que jamais tiveram aquela ligação. Isso a par dos empecilhos que tantas vezes opôs e ainda opõe a uma correta e adequada elaboração científica.

Considere-se, para exemplificar, a famosa questão dos "universais" que agitou, e dada a posição central que ocupa, esterilizou em boa parte, durante séculos, o melhor do pensamento filosófico. E ainda hoje, embora com alguns disfarces, tem os seus apreciadores. Os danosos efeitos da confusão das duas esferas têm aí flagrante confirmação, pois o que se discute no assunto, em última instância, é precisamente o grau de "participação", digamos assim, dos conceitos numa ou noutra esfera. A simples delimitação delas elimina a questão. Em vez disso, e enquanto os filósofos se afogam em sutilezas que não passam no mais das vezes de puro jogo de palavras, a questão que se pode dizer básica da filosofia, que é a da caracterização e processamento da conceituação, premissa essencial da teoria do conhecimento e, portanto, de toda problemática da filosofia em geral, se obscurece e perde inteiramente num cipoal sem saída e debate sem solução nos termos em que a questão é proposta.

A confusão das esferas subjetiva e objetiva do conhecimento que deriva da metafísica aristotélica não vicia somente a filosofia, mas ainda, e até nossos dias, atinge importantes setores da elaboração científica; e até mesmo concepções correntes e hábitos usuais de pensamento. Efetivamente, o fato de sobrepor o pensamento e seus sistemas e formas à realidade que lhe é exterior, e incluir nessa realidade os quadros conceptuais em que pensamento e conhecimento se organizam e estruturam (e é nisso que vai dar a confusão aristotélica); e derivando, por conseguinte a elaboração do conhecimento daqueles quadros, tais circunstâncias resultam forçosamente na tendência, que acima referimos, ao enrijecimento e imobilização do conhecimento. Isso porque, por força delas, passa-se a lidar com conceitos e as formas lógicas de sua expressão verbal, julgando tratar de fatos da realidade exterior ao pensamento

— como, aliás, se vê tão claramente nas instâncias acima lembradas dos conceitos "espaço" e "tempo" que, representando embora *relações*, se fazem, porque expressos verbalmente por substantivos, em "coisas" ou "entidades" de existência substancial incluída na realidade exterior ao pensamento. Erigem-se assim, por força de confusão análoga, simples operações mentais que vêm a ser a "dedução" aristotélica, em fiel reprodução de ocorrências da realidade. O logicamente coerente, e pois corretamente "deduzido" e ajustável com isso ao sistema ou sistemas conceptuais estabelecidos e consagrados, se reputa desde logo como reprodução ou representação acertada da realidade. Não é por simples acaso ou analogia que a expressão vulgar e corrente tão em voga, que vem a ser "é lógico", tem o sentido de acerto e segurança da afirmação formulada e assim qualificada. Tampouco constitui coincidência o emprego, na terminologia consagrada da lógica, do mesmo vocábulo para designar a "verdade" formal e a "verdade" empírica, com o que se equipara em valor significativo, a articulação coerente da expressão verbal ou simbólica (fato puramente mental), com a verificação empírica; a "verdade" do puro pensamento e a verdade real. Pensamento e realidade se confundem. É a transposição do pensamento para a realidade; ou inversamente, se preferirem, a interiorização da realidade no pensamento.

Em ambos, esses casos exemplificativos citados, faz-se sentir a presença da velha concepção aristotélica e confusão que nela se faz entre as duas esferas do conhecimento, entre o mental e o extramental. Bem como do complicado, dispositivo metafísico que antes procurei esquematizar, e que resulta dessa confusão e pretende justificá-la. Dispositivo esse com que Aristóteles introduziu as ideias platônicas nas "coisas sensíveis", tornando-as componentes delas: a *forma* realizando-se na *matéria* e dando com isso a "coisa". "Forma" essa que vem a ser afinal o "conceito" que se trata de alcançar pelo conhecimento a ser obtido, na concepção aristotélica endossada em seguida pelos séculos afora, com a descoberta daquele conceito no amálgama de "potência" e "ato" em que a coisa sensível se realiza.

É assim na manipulação conceptual, por meio de operações lógicas, que se alcança o conhecimento[21]. Quanto aos fatos reais, às feições e circunstâncias que compõem a realidade concreta exterior ao pensamento conhecedor e elaborador do conhecimento, isso que constitui na perspectiva moderna pós-metafísica o legítimo objeto do conhecimento;

---

[21] Não é aqui o lugar próprio para desenvolver a teoria dessa excrescência da metafísica que é a indução aristotélica cuja verdadeira natureza sempre se discutiu e discute ainda sem maior esclarecimento do assunto. O certo, contudo, é que, com a indução aristotélica (não consideramos sua variante da indução "completa", que é puro truísmo verbal, e nada tem de significativo) não se trata propriamente de elaborar, construir o conceito e representação mental das feições da realidade — que é no que efetivamente consiste o conhecimento. E trata-se sim de atinar com a "essência" das coisas que vem a ser o conceito que preexiste à operação de conhecer e que se trata de desvendar.

se subestima se não se desconsidera por completo, ou então se manipula convenientemente a fim de acomodá-lo aos esquemas conceptuais consagrados.

É com esse rumo que a metafísica de inspiração aristotélica intervirá na tarefa de elaboração científica, com os resultados que se podem avaliar e que a história fartamente ilustra. Uma instância flagrante desse procedimento, tanto mais esclarecedora como exemplo que já data dos tempos modernos, e por isso além de largamente documentada e de fácil acesso e exame, melhor se destaca no contraste com o novo pensamento antimetafísico que começava na época a dominar; essa instância será a famosa questão da "essência das espécies" que tamanho papel, e papel altamente negativo, representou no desenvolvimento das ciências naturais. Ocupei-me do assunto em outra oportunidade[22] e lembrarei aqui apenas a observação de Darwin a respeito do assunto, lamentando os naturalistas do seu tempo "incessantemente perseguidos pelas dúvidas insolúveis sobre a essência específica desta ou daquela forma". Em suma, a elaboração científica se tornava essencialmente, na base do modelo metafísico, um processo especulativo onde operações lógico-dedutivas faziam as vezes da observação empírica e conceptualização da experiência. É na forma lógica que se haveria de desvendar a VERDADE.

---
[22] *Dialética do conhecimento*, 5ª Ed. São Paulo, 1969, II, 361

Não é preciso insistir que é isso o observado no mundo ocidental, acentuando-se com a escolástica e a consagração da metafísica aristotélica que iria daí por diante soberanamente inspirar e orientar o pensamento da época. Assistiremos aí, a par de um intenso trabalho de elaboração lógica (ou antes, de refinamento e bizantinização da lógica aristotélica) a uma desenfreada especulação abstrata orientada por aquela lógica, e que no terreno da elaboração científica deixa a consideração dos fatos reais num segundo e muito apagado plano. A ciência por isso marcará passo, e somente ganhará impulso quando nos tempos modernos começa a gradualmente se desligar da filosofia — ou antes, da metafísica e dos esquemas lógicos estereotipados e especulações sem fim a que ela se reduzirá[23]. E a elaboração do conhecimento, em alguns de seus setores pelo menos, se orientará diretamente para seu verdadeiro objeto: os *fatos naturais* exteriores ao pensamento elaborador[24],

---

[23] Há um benefício contudo que talvez tenha sobrado dessa desenfreada especulação a que levou a metafísica. São muitas gerações sucessivas que se terão exercitado na condução disciplinada das operações racionais a que levou aquela especulação, o que possivelmente teria contribuído, apesar de sua esterilidade em matéria de elaboração do conhecimento, como ginástica mental adestradora do pensamento e educadora dele nos hábitos de rigor e precisão em que a cultura ocidental tão marcadamente se destaca. O que teria possivelmente preparado o terreno para o surto da ciência moderna em que o pioneirismo dessa cultura é manifesto.

[24] É preciso atenção para essa restrição: "pensamento elaborador", pois o próprio pensamento ou antes a atividade pensante pode constituir, e eventualmente constitui de fato objeto do conhecimento como feição da realidade que também é. Assim na psicologia que numa certa perspectiva se ocupa do "pensamento" como objeto. Do que se trata no texto é do pensamento como integrante do sujeito do conhecimento em confronto com o objeto do mesmo conhecimento.

e não os *fatos mentais* que não fazem senão representar conceptualmente aqueles fatos naturais.

E abrem-se com isso as perspectivas para a separação das duas esferas do pensamento confundidas pela metafísica: de um lado o processo mental pelo qual se elabora o conhecimento propriamente, a saber, a representação mental das feições da realidade exterior ao pensamento elaborador. De outro, a consideração dessa mesma representação mental elaborada pelo pensamento e nele presente como conceituação constituinte do conhecimento; da ciência em particular.

Para essa discriminação dos objetos da atividade pensante — discriminação essa que delimitará as esferas objetiva e subjetiva, isto é, que separará os campos respectivos: do conhecimento, de um lado; de outro, do conhecimento do conhecimento que constitui ou deve constituir o próprio da filosofia — para essa discriminação, é importante notá-lo, contribui sobretudo a experimentação. Realmente na experimentação as duas esferas se propõem desde logo separadamente e bem discriminadas uma da outra. Diferentemente da simples observação passiva e contemplativa, o pensador e elaborador do conhecimento, na experimentação, intervém ativamente para dispor de maneira conveniente e em perspectiva adequada o objeto de sua consideração e exame, para fazer com que se reproduza nesse objeto o fato que se trata de compreender e representar mentalmente. Intervir nele e como que participar dele com sua ação. Ação pensada, e no outro extremo da ação reflexa, com o pensamento alertado não somente visando o objetivo imediato de dirigir a ação, e sim também o de se integrar no conhecimento preexistente, torna- se ele próprio conhecimento novo. Ação pensada em função do objeto considerado, no curso da qual se desenrola o processo de elaboração cognitiva e em que essa elaboração se realiza na base do duplo e conjugado impulso do pensamento conduzindo a ação para amoldá-la ao objeto e reproduzi-la, e da ação inspirando e estimulando o pensamento e o ajustando ao objeto. É esse o processo cognitivo (processo natural e espontâneo, mas que se vai tornando cada vez mais consciente e deliberado no curso da experimentação científica e adestramento que proporciona), é isso que se revelará sempre mais acentuadamente nos procedimentos da elaboração científica moderna. Procedimentos esses que pela sua própria natureza e dinâmica, em contraste com a especulação abstrata e a simples observação passiva, põem em confronto direto, e ao longo de todas as suas operações, o sujeito e o objeto bem discriminados um do outro. Isso tanto mais acentuadamente quanto, por força de circunstâncias históricas gerais notórias que não precisam ser aqui repisadas, propõe-se crescentemente, no "conhecer", não apenas, como objetivo, o simples deleite intelectual ou valor intrínseco e em si da atividade intelectual e do saber, como se dava com os filósofos gregos; ou, como nos séculos que os separam do mundo moderno, o objetivo fixado no sobrenatural e no conhecimento da Divindade e de seu comportamento com relação à humanidade. E sim propõe-se o "conhecer", na expressão famosa de Descartes, como aquisição de

"uma prática pela qual conhecendo a força e as ações do fogo, da água, dos astros, dos céus e de todos os outros corpos que nos cercam, tão distintamente como conhecemos os diferentes misteres de nossos artesãos, pudéssemos aplicá-los pela mesma forma a todos os usos para os quais são próprios, e tornando-nos assim como senhores e possuidores do Universo"[25].

Esse domínio do homem sobre a realidade que Descartes preconizava, e de fato se estava realizando em ritmo acelerado com o progresso da ciência moderna; esse "gerar" das coisas sensíveis sem ser pela "forma" potencialmente preexistente e incluída nelas, nos termos da metafísica; e sim forjadas no conhecimento construtor pelo próprio homem, dirigindo a sua ação, e não desvendado pela "dedução"; isso permite desde logo discriminar os objetos do conhecimento e abrir claras perspectivas para o

---
[25] Discursos do método, Sexta Parte.

Descartes

conhecimento do conhecimento, para o objeto da filosofia disfarçado na confusão metafísica do ser e do conhecer.

Assim será efetivamente, e o objeto próprio da filosofia começa a se definir. É que o problema do conhecimento, o *como* conhecer, premissa da filosofia, se propõe de forma patente com o progresso da ciência e as perspectivas que esse progresso abria. Tratava-se de uma transformação radical dos métodos de elaboração cognitiva. Galileu e seus sucessores, atirando objetos de alturas para o solo, e fazendo rolar esferas sobre planos inclinados, contrastavam nitidamente seus métodos com a anterior e habitual especulação inspirada na metafísica aristotélica. Achavam-se, pois abertamente em jogo os procedimentos adequados para a elaboração do conhecimento. E era preciso não somente determinar esses procedimentos, mas trazer a sua justificação e reeducar-se na condução dos novos métodos. Tanto mais que tais métodos iam chocar-se em última instância com preconceitos profundamente implantados em concepções tradicionais que traziam o poderoso selo de convicções religiosas. As necessidades do momento levavam assim os homens de pensamento a se deterem atentamente nos problemas do conhecimento. O que, afora as estéreis manipulações verbais a que se reduzira a lógica formal clássica, praticamente já não detinha a atenção de ninguém.

Galileu

Abria-se com isso uma nova fase para a filosofia, forçando-a a se voltar para seus objetos próprios e neles se concentrar. Afirmam-se tais objetos que se farão patentes. Toda a filosofia moderna nos traz o testemunho disso, de Bacon e Descartes até o criticismo kantiano. Aquilo que ocupará desde o século XVI (note-se a precisa coincidência com o grande surto da ciência moderna) o centro das atenções filosóficas, serão expressamente as questões relativas ao conhecimento e sua elaboração[26]. A filosofia encontrava seu caminho como *conhecimento do conhecimento*.

A indagação central e nevrálgica que se propõe será essencialmente determinar a relação entre a mente humana (pensamento, Razão) e o mundo exterior da experiência sensível; e que Conhecimento da Realidade tal relação pode proporcionar. O que vai dar no como e em que medida contribuem respectivamente para o Conhecimento, e como para isso se combinam e associam entre si os dois fatores cuja participação se podia observar na prática da elaboração científica moderna. Numa palavra,

---

[26] Na filosofia moderna a partir de Descartes, "há uma inversão da pergunta clássica: Que são as coisas?, para convertê-la na pergunta: Que é o conhecimento das coisas, e como se pode alcançá-lo?" (José Ferrater Mora, *Diccionario de filosofia*, Buenos Aires, 1958, p. 647.) Só que o autor, como em geral os historiadores da Filosofia, não se dá muito ao trabalho de pesquisar a fundo e interpretar essa "inversão" no conjunto do processo evolutivo do pensamento filosófico, ligando o anterior ao posterior da "inversão". Com algumas exceções, bem entendido, mas raras. A história da filosofia se apresenta em geral como o desfilar, num mesmo plano, das opiniões de sucessivos filósofos e suas escolas.

tratava-se de determinar como se repartia e como se combinava a participação respectiva, de um lado, da experiência sensível; de outro, do pensamento propriamente e independentemente de qualquer outra contribuição.

É nesses termos que fundamentalmente se propõe o problema do Conhecimento, dando origem às duas tendências para as quais se inclinam respectivamente as soluções propostas: no sentido, seja da valorização e destaque da atividade pensante e racional, com a relativa desconsideração, e até mesmo, nos casos extremos, eliminação da realidade sensível e dos dados que fornece; seja, em sentido oposto, a subestimação da atividade pensante, relegada a papel subsidiário e insignificante da simples sensação.

Os dois polos da filosofia moderna, o idealismo e o materialismo, embora muitas vezes reciprocamente se interpenetrando, sobrepondo-se um a outro e inextricavelmente se confundindo, têm suas raízes nessa oposição, mais ou menos marcada e radicalizada conforme os autores, em que se situa o problema do conhecimento. E será em última instância sob a inspiração e na base das respectivas posições em face de tal problema, que se vão constituir os sistemas filosóficos e concepções ontológicas. Tudo isso naturalmente temperado e ajustado convenientemente em função de concepções fideístas ditadas pelo hábito muito mais que por outra coisa (já fora ficando para trás a verdadeira fé religiosa que o mundo medieval conhecera), preconceitos ideológicos, respeito à tradição e conveniências políticas. O que não deixa muitas vezes de complicar inextricavelmente os textos filosóficos da época, tão marcados ainda pelos remanescentes da herança metafísica e o característico estilo da especulação escolástica[27].

Apesar disso, contudo, destacam-se linhas discriminatórias suficientemente marcadas. Os materialistas, ou antes, os mais voltados para a "substância material" como componente do Universo, em contraste com a "substância ideal" dos idealistas, esses simplesmente equiparam o conhecimento elaborado ou por elaborar, ou mais precisamente a conceituação e a forma verbal em que tal conceituação se exprime e apresenta, equiparam-na, em correspondência biunívoca, à realidade sensível. Cada coisa, entidade, qualidade, ação... que compõe o Universo e que os sentidos percebem, terá sua "ideia" e expressão verbal própria a registrá-la no pensamento. Reduz-se assim ao mínimo, se não se elimina de todo, o papel ativo do pensamento na elaboração do conhecimento e da formação dos conceitos ou "ideias" que se tornam, com o conhecimento

---

[27] Não posso deixar aqui de chamar a atenção para Descartes, certamente a grande figura daqueles séculos. Ninguém como ele terá exibido melhor o modelo ilustrativo dessa confusão discursiva característica da época. E para senti-lo bem, nada melhor que a comparação, entre outros textos cartesianos, da clareza, rigor e precisão das *Regras para a condução do espírito, e a divagação*, o convencionalismo e o repetido ajustamento formal do texto para tais objetivos, presentes na linha dominante do consagrado *Discurso do método*.

que compõem, em simples reflexo mental mais ou menos passivo da realidade exterior. Locke (que destacamos aqui apenas como pioneiro que foi do materialismo moderno) e aproximadamente na mesma esteira a generalidade dos materialistas[28], Locke deriva as "ideias" de que se constitui o conhecimento diretamente das sensações que se marcariam na mente como "impressões na cera", não cabendo assim ao pensamento nada mais, com aquele registro das sensações tornadas em ideias, que "combinar, comparar e analisar" essas mesmas ideias. Desse modo o materialismo se de um lado empresta o devido valor à experiência sensível como fator primário da elaboração cognitiva, de outro tende a fechar as perspectivas para uma apreciação adequada da função pensante e da natureza real do conhecimento.

Os idealistas vão em sentido contrário. Em vez de exteriorizarem o conhecimento, segundo o modelo do materialismo, fazendo dele algo a ser simplesmente copiado pelos sentidos, como que desvendado, descoberto na realidade onde já estaria pré-formado[29], os idealistas trazem o Universo para dentro da esfera subjetiva, e aí irá buscá-lo o conhecimento. Em alguns idealistas, particularmente nos

---

[28] Note-se bem que estamos aqui nos referindo ao chamado materialismo "vulgar" que Marx e Engels viriam mais tarde reformular no materialismo dialético.

[29] Como vimos pelo nosso esquema, os conceitos ou ideias se apresentariam aos materialistas como que presentes nas "coisas", etc. do Universo, uma vez que não há no caso senão percebê-las pelos sentidos e registrá-las sob forma de "ideias". O que se assemelha mais a uma simples "descoberta" e não elaboração como efetivamente se dá com os conceitos, e será obra da dialética marxista.

grandes precursores de Kant, e no próprio Kant, isso se disfarça ainda sob a aparência de uma realidade exterior que, embora incognoscível, assim mesmo existe e representa o papel discreto de estimulante do pensamento: é a "coisa em si", o "noúmeno" kantiano. Mas como bem dirá Fichte em seguimento a Kant, se esta pseudoexistência é incognoscível, é que verdadeiramente não existe. E assim o idealismo tende necessariamente para a eliminação da realidade exterior ao pensamento, e à subestimação, senão desprezo total da experiência sensível na formação do conhecimento.

Seja, contudo qual for o tipo ou matiz do idealismo, em todo ele o que realmente ocorre, aquilo de que os filósofos idealistas se ocupam — e é o que centralmente nos interessa aqui — é do pensamento e seu produto que é o conhecimento. E assim, revestindo embora seu exame e suas conclusões de linguagem ambígua que nem sempre deixa muito claro o objeto a que se refere, o idealismo, devidamente filtrado, vai oferecer algumas das principais premissas para a devida proposição do problema do conhecimento e a caracterização e definição do conhecimento do conhecimento. Isto é, do papel da filosofia. É essa em particular a contribuição de Kant e Hegel.

O criticismo kantiano coloca em plena luz o papel ativo e participante do pensamento, a razão, na elaboração do conhecimento. E desfaz com isso a falsa perspectiva dos materialistas e de sua concepção de um conhecimento simples reflexo passivo, através dos sentidos, da Realidade exterior; e cuja elaboração consiste unicamente na descoberta de "verdades" já de antemão incluídas na Realidade.

Quanto a Hegel, a sua dialética romperá pela primeira vez a tradição metafísica de conceitos fixos e invariáveis, tradição essa também incorporada pelo materialismo vulgar — como, aliás, não podia deixar de ser dentro das posições básicas desse materialismo e seu postulado implícito de uma correspondência biunívoca entre a conceituação, os conceitos, ou antes, a expressão verbal desses conceitos, e as feições e circunstâncias da realidade. A dialética hegeliana apresentará, em contraste com aquela velha e tradicional concepção metafísica, a verdadeira natureza da conceituação, a mútua ligação e entrosamento dos conceitos em sistemas de conjunto através dos quais, e somente assim, adquirem conteúdo e sentido. Em outras palavras, os conceitos nada significam ou representam por si e isoladamente. Essa significação e representação se realizam pelas ligações e no entrosamento deles entre si. Isto é, no *sistema* que formam em conjunto[30].

Revelou Hegel com isso, na sua intimidade, a constituição e estruturação da conceituação de que o conhecimento se compõe. E abriu com isso larga perspectiva para

---
[30] Procurei desenvolver essa questão em *Notas introdutórias à lógica dialética*.

a interpretação das operações do pensamento e processo de elaboração do conhecimento e formação dos conceitos. Hegel traz com isso a maior contribuição de todos os tempos para a elucidação do problema do conhecimento.

Não vamos aqui debater o fundo do pensamento hegeliano, de tão difícil penetração pelo complexo e imaginativo estilo em que se envolve a obra de Hegel. Mas o certo é que o descrito nessa obra consiste em suma e no essencial, para o que nos interessa aqui, na gênese e no desenvolvimento da racionalidade do homem através do progresso do conhecimento. A descrição que Hegel faz desse progresso é fantasiosa, mais ou menos arbitrária no que diz respeito à realidade dos fatos, e acompanhando muito maio verdadeiro processo histórico tal como ele efetivamente se realizou. Além disso, como idealista que é, Hegel encarna o progresso do conhecimento e da razão "na marcha do espírito", desde sua gênese na *Certeza sensível* até sua plena eclosão no *Saber absoluto*. "A concepção histórica de Hegel", escreverá Marx,

> "supõe um espírito abstrato ou absoluto que se desenvolve de tal maneira que a humanidade não é senão uma massa dele impregnada mais ou menos conscientemente. No quadro da história empírica, exotérica, Hegel faz pois operar uma história especulativa, esotérica. A história da humanidade se torna a história do

espírito abstrato da humanidade, estranho por conseguinte ao homem real"[31].

Se, contudo a descrição histórica de Hegel é arbitrária e fantástica, e a forma que lhe concede essencialmente especulativa, a análise que faz do pensamento e conhecimento, e que se inclui naquela descrição, isso nos dá o enquadramento e a estrutura do processo racional no ato de apreensão e representação mental da realidade exterior; ato no qual o processo é gerado e se constitui em razão conhecedora (conhecimento). E é isso que Marx irá buscar no seu mestre, a saber (na observação de Engels), "o núcleo que encerra as verdadeiras descobertas de Hegel... o método dialético na sua forma simples em que é a única forma justa do desenvolvimento do pensamento"[32].

Não nos deteremos naturalmente aqui, por estar fora de nosso assunto, no tratamento específico que Marx, com o método dialético que foi buscar em Hegel, deu aos fatos econômicos, sociais e políticos que resultaram na transformação histórica do mundo moderno, na eclosão e estruturação do capitalismo industrial e no delineamento das premissas do socialismo. O que imediatamente nos interessa agora, e é o que se observará com toda clareza na

---

[31] Karl Marx. La Sainte Famille. Oeuvres philosophiques, trad. J. Molitor. Paris, 1927, 11, 151.
[32] F. Engels. La "Contribution à la critique de l'économie politique", de Karl Marx, in ÉtuLdes philosophiques. Paris: Éditions Sociales (1951), p. 84.

obra de Marx, consiste no fato de que, historicamente, é afinal na consideração do conhecimento do homem (aquilo que seriam as nossas "ciências humanas" de hoje, e naturalmente o tema marxista por excelência) é aí, bem como no método de elaboração desse conhecimento, que se revelaria com precisão o conjunto e a generalidade do problema filosófico, isto é, a determinação em sua totalidade, e a caracterização do conhecimento do conhecimento que vem a ser o conteúdo e objeto central e geral da filosofia, e onde ela encontra, em toda sua plenitude, o terreno que lhe é próprio e específico no complexo geral do conhecimento. Tal como, desde suas origens nos primeiros passos do pensamento grego, e embora tão confusamente como foi observado, se propôs à reflexão.

Os fatos sociais, que são os que se situam, ou devem ser situados no centro do objeto "real" do conhecimento do homem, têm isto de singular em confronto com outros fatos — físicos, biológicos... —, que neles o homem é simultaneamente agente e paciente, determinante e determinado; e o que é mais característico e específico é que, na perspectiva do conhecimento, o homem é, ao mesmo tempo que o "conhecido", também o "conhecedor". E *conhecido como conhecedor*, tanto como, vice-versa, *conhecedor como conhecido*. Considere-se a situação. O indivíduo humano determina seus atos e dirige seu comportamento; e é desse

Marx

comportamento que resultam afinal os fatos sociais. O comportamento é mesmo o constituinte de tais fatos. O homem é assim autor deles, seu motor e fator determinante. Mas doutro lado, também resulta deles: são esses mesmos fatos sociais que determinam o homem, no sentido que ele é antes de tudo um produto da sociedade, e se comporta em função do meio social de que participa, em que vive e que lhe modela a personalidade.

Essas relações sociais contudo, as instituições, tudo enfim que rodeia o homem e o retém numa densa e estreita malha de normas e modos de ser, de agir, e mesmo de pensar e até de sentir; tudo aquilo que constitui o enquadramento dentro do qual o homem desenrola sua existência e desenvolve suas atividades, e que o condicionam, tudo é obra dele, do próprio homem. Mas é obra que ele realiza impulsionado e orientado pelo seu pensamento e conhecimento — que afinal constituem sua razão —, formados naquele mesmo enquadramento de relações e instituições sociais em que ele se educa e forma, no qual e pelo qual se modela a sua própria maneira de ser. E em que ele faz propriamente o indivíduo humano que é, com suas características próprias, tendência, impulsos, aspirações, motivações em geral...

Como se verifica, o processo é nos dois sentidos, ou melhor, gira em circuito fechado sobre si próprio, confundindo-se permanentemente o ponto de partida com a chegada. Ao homem determinante se sobrepõe o homem determinado que parte em seguida para nova determinação de si próprio. Os dois momentos da ação e comportamento humanos, a saber, de um lado, a maneira de agir do indivíduo humano; de outro, o fator determinante dessa maneira de agir; ou, para empregar expressões usuais, efeito e causa do comportamento humano se confundem no mesmo homem simultaneamente agente e paciente. E agente como paciente; e paciente como agente. É assim, de forma tão específica e original no conjunto dos fatos em geral, que se propõe a questão relativamente aos fatos humanos. Pergunta-se então: como enquadrar situação como essa, de aparência tão aberrante do ordinário, dentro dos moldes correntes do pensamento científico? Como conceituá-la devidamente, e dar conta teórica dos fatos sociais e humanos pela mesma forma que se vinha praticando com os fatos físicos desde os primórdios da ciência moderna no século XVI? E realizá-lo, note-se bem, não apenas com o objetivo de mais uma realização erudita, no estilo pré-moderno, e sim — condição para o sucesso, tal como se dera com os fatos físicos — para alcançar também no conhecimento do homem o ideal cartesiano já anteriormente lembrado, de uma prática que tornasse os homens em "senhores e possuidores do Universo".

Fazia-se para isso necessário contornar a dificuldade, ausente nos demais setores do conhecimento onde, ao contrário do que se passa com os fatos humanos, o elaborador do conhecimento, que é o homem, não se situa fora dos acontecimentos que se trata de conhecer; e de fora deles os observa e interpreta sem que com isso eles modifiquem o seu curso. No conhecimento do homem, na observação e interpretação dos fatos humanos, sociais, todo conhecimento elaborado se integra nesses mesmos fatos, se torna deles e vai configurar uma nova realidade social e humana distinta da anterior. Isso porque, insistimos, os fatos sociais não se desenrolam, está visto independentemente da ação humana, porque se constituem dessa ação que tão pouco se realiza independentemente do pensamento do homem agente e do seu conhecimento. Inspira-se nesse conhecimento e por ele se orienta e dirige. O conhecimento dos fatos sociais é assim ele próprio participante e parte integrante e essencial dos mesmos fatos.

Nessa maneira de propor o assunto e de se situar em frente a ele na prática da elaboração do conhecimento — e é assim, como veremos, que se situa Marx, donde o alcance, que assinalamos, de sua obra — nessa maneira já se encontra implícita a solução da questão. Bem como a resposta, ao mesmo tempo, do problema filosófico essencial que tem sua principal origem, como se viu, na maior ou menor confusão das duas esferas do homem pensante e conhecedor, e que vêm a ser as esferas subjetiva e objetiva. O pensar e o conhecer, de um lado; o pensado e o conhecido, de outro. Tal confusão das esferas subjetiva e objetiva não consiste simplesmente na superposição ou indistinção de ambas. Dessa indistinção deriva também a exclusão de uma ou outra. Quando não se as distingue e discrimina devidamente entre si, determinando-se suas relações recíprocas, dá-se a desconsideração de uma delas, com a consequente fixação na outra. É o que sempre fizeram, e continuam muitas vezes a fazer, em campos opostos, idealistas e materialistas vulgares, isto é, não dialéticos, acentuando cada qual, e respectivamente, ou a esfera subjetiva ou a objetiva, com a desconsideração da outra.

Isso se verificará mais uma vez, e de maneira flagrante — mas agora se abrirá a perspectiva para desfazer afinal, em definitivo, a confusão — se verificará no debate do problema do homem e da sua liberdade, equacionado pela ciência moderna. Será o conflito entre a liberdade de escolha, pelo indivíduo, o livre-arbítrio, de uma parte, e doutra a premissa essencial da ciência, a saber, a sujeição do Universo e de todas suas ocorrências, inclusive no relativo ao homem, a leis, isto é, à *necessidade*. Considerada unicamente a esfera subjetiva, e não há senão afirmar a liberdade do homem na determinação de seus atos e comportamento; e portanto, dos fatos sociais que em última instância resultam desses atos e comportamento. A decisão, o impulso, o motor estão no homem, não há como negá-lo. É a subjetividade, pois que configura o comportamento humano. O interior do homem, impenetrável e indeterminado. Ou, antes, a sua *razão*, a sua racionalidade. O homem determinado, privado de sua capacidade de escolha, é precisamente aquele em que se aboliu a razão, aquela racionalidade que faz dele o verdadeiro homem sinônimo de "ser racional". O homem privado de liberdade e livre escolha, deixa de ser verdadeiro "homem".

É sobre essa base e à luz dessa concepção — o que mostra sua profundidade e universalidade de seu reconhecimento — que se construíram todos os sistemas normativos da conduta humana, das simples regras de civilidade até a ética e o direito. A saber, sobre a noção de *responsabilidade* que implica, está visto, a liberdade.

Detendo-se aí, não há como introduzir o determinismo que a ciência implica. Se nos fixamos e imobilizamos na subjetividade, não há, não pode haver verdadeira ciência do homem, no sentido moderno da palavra. Isso porque, considerada a razão humana em si, irredutível e dada como um todo desde logo completo e acabado, sem antecedente ou pré-formação — e é assim que se propõe a razão para quem se fixa na subjetividade, e parte daí para a ação e comportamento humano, sem considerar o inverso: da ação e comportamento para a razão; sem considerar a origem, as raízes, a gênese e constituição dela — tomada assim a razão, ela permanece fora do determinismo e não há como legitimamente nele incluí-la. "Determinismo" no sentido de premissa da ciência o determinismo da *necessidade*.

É por isso que a generalidade dos filósofos quando procuram, como de fato se dá, propor o problema do homem em termos científicos, isto é, integrá-lo na ciência moderna, tendem a "saltar" para fora da subjetividade, para seu oposto, e consideram unicamente o homem-objeto da ciência, o homem determinado e não determinante. Determinado apenas extra-humanamente, como outro objeto físico qualquer. Consideram apenas a esfera objetiva.

Há posições intermédias em que entram em linha de conta uma e outra esfera. Mas sempre com "saltos" de uma para outra, e escamoteação mais ou menos disfarçada, e com maior ou menor habilidade e sutileza, ora de uma, ora de outra daquelas esferas. São tentativas de conciliação de situações incompatíveis (nos termos em que a questão é proposta). A saber, de um lado a livre escolha e deliberação do ser racional cuja razão paira acima das contingências extrarracionais, e delas independe, não sendo, pois por elas determinado em sua vontade. De outro lado, essas mesmas contingências, necessariamente incluídas no postulado determinista, e que seriam, pois determinantes.

Marx segue outro caminho e, inspirando-se na dialética hegeliana, faz dela o seu "método" que vai aplicar à consideração e interpretação da história, e em particular dos fatos que presencia e de que participa, e que, como homem de ação e revolucionário, pretende orientar, necessitando para isso não somente fixar-lhes o determinismo, mas com isso também as circunstâncias que modelam esse determinismo e que a ação política e revolucionária seja capaz de orientar. É o que lhe permitirá situar diferentemente a questão em foco de maneira a articular num conjunto e totalidade, em outras palavras, ligar dialeticamente, os termos do dilema. Isto é, Marx não começa por isolar, como fazem seus predecessores, o ser racional com a sua razão, o homem pensante e conhecedor; não o isola das circunstâncias extrarracionais em meio às quais e em função de que o homem é agente. Noutras palavras, não absorve, e com isso anula o homem agente no homem pensante e conhecedor, deixando, em consequência, de lado as circunstâncias exteriores em meio às quais o homem é agente — como fazem os idealistas e filósofos da liberdade humana, do livre-arbítrio. Tampouco, e inversamente, confunde o homem pensante e conhecedor, no homem agente, fazendo daquele pensamento e conhecimento simples epifenômeno de uma ação e comportamento exteriormente determinados. Marx fixa sua atenção — será o seu "método" — não separadamente num ou noutro desses termos, alternadamente ou no pensamento (razão) ou na ação concreta. E sim considera-os em conjunto; melhor: no *processo* em que ambos se conjugam, unificam; e que constitui precisamente o essencial da história: o seu *movimento*. Processo e movimento da história, esses, que serão a passagem, a transição de um para outro momento do mesmo processo, consistindo na permanente transformação, nos dois sentidos, de um no outro. O pensamento fazendo-se ação, tanto como a ação se fazendo pensamento. E conhecimento.

Em outras palavras, é pelo pensamento e conhecimento que o constitui e inspira (pois não há pensamento "puro" e vazio de conhecimento; pensamento e conhecimento no final se confundem), é assim que o ser racional que é o homem livremente se determina e delibera sua ação. Mas esse pensamento e conhecimento determinantes se forjam nas circunstâncias da vida e do meio físico e humano em que o homem, social por excelência, age, desenrola sua ação, e se torna com isso o ser racional que é. A ação dele se faz pensamento e conhecimento, porque estes se estimulam e informam nessa ação; tal como pensamento e conhecimento se fizeram ação porque são eles que a promovem e impulsionam. E o processo continua assim, ininterrupto, entrosando-se nele homem pensante e conhecedor e homem agente. O homem pensante e conhecedor transformando-se em homem agente; e inversamente este naquele. E trata-se aí, note-se bem, não de uma alternância monótona e que se repete sempre igual. Longe disso, e muito pelo contrário, o processo (que é tanto da história do indivíduo, o desenrolar de sua existência individual; como da coletividade em que os indivíduos se comunicam, e da espécie em que eles se sucedem e continuam uns aos outros) o processo, dizemos, se renova permanentemente, em cada ciclo que é sempre diverso do anterior, mais rico de ação, de experiência realizada, de pensamento desenvolvido, de conhecimento acrescido graças à acumulação de sucessivas aquisições. Acumulação essa cuja possibilidade constitui no Universo privilégio do homem e o fator que precisamente faz dele o ser racional que é. É graças a essa faculdade de se valer do seu passado a fim de utilizá-lo no presente e projetá-lo no futuro com o acréscimo das novas aquisições do presente, é graças a esse privilégio que o homem ocupa a posição ímpar que é a sua no Universo. Que logra marchar para a frente, progredir e se transformar e renovar em ritmo quantitativo e qualitativo sem paralelo em outras feições da natureza.

Essa é a perspectiva dialética do homem que permite considerá-lo no ângulo adequado, e devidamente conceituar em termos científicos este aspecto ou feição do Universo que é a *humanidade*, o fato humano — ou a razão, que vem a dar no mesmo, e para empregar a terminologia consagrada da filosofia. E elaborar com isso o conhecimento do homem.

Nisso consistiu a obra filosófica de Marx: lançar as premissas desse conhecimento com o método adequado para elaborá-lo. E Marx realizou isso não apenas teoricamente — nem teria sido possível realizá-lo assim; e é importante notá-lo, para modelo e ensinamento, porque outro fosse o caso, e Marx, com todo seu gênio e erudição, teria fracassado, ou avançado muito pouco, tal como se deu e dá ainda com tantos que procuraram e outros que continuam procurando, sem dar com ele, o caminho acertado. Marx não foi unicamente o cientista "puro", ou filósofo do velho estilo (e quantos sobram ainda...) que de longe e sobranceiramente contempla os fatos que pretende interpretar e conhecer. Marx envolveu-se nesses fatos, participou ativamente deles, e é por isso que logrou compreendê-los e os tornar em "teoria". Abordou a questão simultaneamente como homem de pensamento e homem de ação. Como filósofo e homem de ciência, e como revolucionário. Homem pensante e conhecedor, e homem agente. E o fez em plena consciência da obra que realiza e do papel que desempenha. Ele o registra expressamente quando, na XI e última das *Teses sobre Feuerbach*, escreve: "Os filósofos não fizeram até hoje senão interpretar o mundo de diferentes maneiras. Trata-se agora de transformá-lo".

E foi o que fez: filósofo, propôs-se a tarefa de impulsionar a transformação socialista do mundo capitalista, que era a direção para a qual apontavam os fatos que vivia. Fatos que soube progressivamente entender e interpretar com acerto, graças a um pensamento e conhecimento cuja acuidade e nível trouxera em parte de sua formação num meio do mais alto teor. Mas que no essencial e decisivo soube forjar no correr da própria realização da tarefa a que se dedicara de cabeça e coração, o que lhe permitiu nesse amálgama de teoria e prática, prática e teoria, elaborar a "teoria" do processo histórico em que se engajara, traçar-lhe as primeiras e fundamentais linhas da "prática" que levaria à sua complementação. E dar com sua ação os passos preliminares de tal prática.

Espelha-se assim em miniatura, na vida de Marx, na qual pensamento e ação, ação e pensamento se ligam num processo e conjunto indissolúvel e autoestimulante, espelha-se aí a premissa básica e ponto de partida do conhecimento do homem: o homem ao mesmo tempo autor e ator da história; seu ativista e como tal autor e determinante dela; mas simultaneamente também sua criatura: nada mais fruto legítimo do mundo capitalista do século XIX em seus primeiros passos revolucionários para o socialismo, e seu derivado, que Marx e sua obra. E assim, a par de determinante, determinado também. Marx realiza com isso um modelo em relevo e grande destaque da posição do homem ao mesmo tempo autor e ator da história.

Será assim? Ou não será Marx senão um caso todo particular, específico, inconfundível e incomparável com o da massa de seus contemporâneos? É certo que o plano em que se situam os indivíduos humanos, e o grau de participação de cada qual, pelo seu pensamento e ação, na marcha da história, não são os mesmos, e muito pelo contrário divergem consideravelmente. A generalidade se conserva no modesto plano de uma vida privada que se encerra em estreitos horizontes familiares e ocupacionais modestos, e de relações sociais e atividades de ordem pública relativamente restritas. Os indivíduos nessa situação terão naturalmente, cada qual por si, papel muito reduzido na marcha da história. Mas nem por isso deixam de trazer a sua contribuição, porque é da totalidade dessas contribuições individuais, em conjunto, que a história se faz. Sem ela, a história não existiria com a feição que foi a sua. Todos os indivíduos, embora em proporções largamente distintas, trazem a sua parte de pensamento e ação que esse pensamento determina, para a resultante final que será a história da coletividade, que serão os fatos sociais de que participam e no conjunto compõem. Marx terá sido apenas um indivíduo entre muitos milhares que, agindo embora cada qual por conta própria e por linhas distintas, contribuíram todos eles com alguma coisa para aquela resultante final. A própria projeção de Marx e sua obra é função da mesma resultante.

Em Marx naturalmente se atinge elevada e excepcional culminância. Nele se reúnem e conjugam o filósofo de larga visão e imensa erudição — um pensamento e conhecimento, pois, de alto teor —, e o político revolucionário que pôs aquele pensamento e conhecimento a serviço de intensa atividade desenrolada no cenário dos mais amplos e decisivos fatos de sua época: no coração da história de seu tempo, que é o embate das classes fundamentais geradas pelo capitalismo — burguesia e proletariado — em torno de cuja luta se configura o essencial da história do século XIX. É essa excepcional e quase singular conjugação de um pensamento poderoso e ação de raio imenso que alcança o principal da vida social de seu tempo, é isso que permitirá a Marx, no seu papel de ator e autor da história que desempenhará com plena consciência dele (o que também não é dado à generalidade dos indivíduos), é isso que permitirá a Marx situar-se na posição de verdadeiro experimentador social, reproduzindo no terreno dos fatos sociais algo análogo, *mutatis mutandis*, dos processos experimentais em que se elaboraram as ciências físicas modernas.

Efetivamente Marx, na base de sua observação e experiência colhidas no mais vivo do desenrolar dos fatos históricos de seu tempo e de que intensamente participa, Marx logra elaborar a "teoria" desses fatos, isto é, determinar suas ligações mútuas e sistema de relações no qual em conjunto eles se dispõem; desvendando com isso a dinâmica essencial que os anima e impulsiona, a saber, a luta do proletariado em suas diferentes formas, da simples desinteligência entre empregados e empregadores, à greve e à insurreição. E apreende as motivações dessa luta: as reivindicações dos trabalhadores assalariados como contrapartida da acumulação de capital gerada pela mais-valia subtraída pelos detentores do capital no jogo das transações de compra e venda da força de trabalho. Apreende mais o progressivo despertar no trabalhador de uma consciência de classe adquirida na luta em que se engaja; consciência essa que vai dar em sua expressão mais alta quando nela se configura o fim último a que a luta se dirige e que vem a ser a transformação da ordem capitalista.

Marx tem com isso os elementos necessários para o fim de, como dirigente político, estimular a luta, organizá-la e a orientar, determinar as suas formas preliminares e etapas sucessivas, e conceder-lhe o conteúdo ideológico necessário para que se dirija certeiramente a seus fins próprios. Nessa ação prática, e em face dos efeitos que produz, e resultados nela alcançados, positivos ou negativos, Marx vai enriquecendo sua experiência, e na base desse enriquecimento, vai retificando, reajustando e precisando suas conclusões teóricas e determinando suas posições práticas. Isso porque em Marx, como homem de pensamento que é, a ação tem não somente sentido praticista — isto é, os efeitos revolucionários imediatos que se almejam —, mas inclui também, conscientemente, o conteúdo de experiência que traz para o embasamento, elaboração e desenvolvimento da teoria.

Reproduzem-se assim na obra político-social de Marx, e no que se refere aos fatos humanos e à realidade histórico-social, circunstâncias que se podem comparar e emparelhar às verificadas na experimentação física. A saber, a intervenção deliberada e planejada do observador e elaborador do conhecimento no desenrolar dos fatos considerados, a fim de os dispor, ou dispor-se em relação a eles da maneira mais favorável à observação e exame. Marx, tanto como o físico experimentador, e como ele orientado por seus conhecimentos anteriores, age sobre os fatos — ele, Marx, como político e homem de ação que é — procurando dispô-los em perspectiva conveniente e atuar sobre eles, reajustando com isso suas observações, ampliando o conhecimento dos mesmos fatos e aprimorando sua ação de político. Comporta-se com isso como experimentador, unindo a teoria à prática e a prática à teoria, e iluminando-as ambas e reciprocamente cada qual pela outra. E leva com isso para o terreno dos fatos sociais procedimentos metodológicos que se assimilam àqueles empregados na elaboração moderna das ciências físicas que já tinham dado, e continuavam dando comprovação de seu alcance. Logra assim assentar as bases para a elaboração científica do conhecimento do homem.

Ao mesmo tempo, abrem-se com isso as perspectivas para a proposição do problema filosófico, a começar pela liminar que é a *determinação precisa do objeto da filosofia*. Situado o homem na sua história, no evoluir de sua existência — nela simultaneamente autor e ator, agente e paciente —, torna-se possível situá-lo no conjunto do Universo. Também aí autor e ator. Determinado por esse Universo e totalidade de que participa, mas também determinante. Isto é, atuando sobre ele, modificando-o e o transformando à feição de suas necessidades e aspirações dele homem. Parte integrante da natureza e suas feições, ele próprio, com sua especificidade racional constituindo uma dessas feições, e determinado embora por aquele conjunto de que é parte, o homem não é a ocorrência passiva que se submete e docilmente adapta às contingências em meio às quais se encontra e que o afetam e assim determinam, como se dá com a generalidade das feições e circunstâncias que com ele compõem a natureza. Ou antes, *deixa progressivamente, no desenrolar de sua evolução, de ser aquela ocorrência passiva*. E deixa de sê-lo na medida p.m que, graças a suas peculiaridades anatomofisiológicas, e consequentemente psíquicas, a saber, o grande desenvolvimento adquirido por seu sistema nervoso superior, ele, homem, se racionaliza, isto é, logra transformar as experiências que colhe no curso de suas atividades e prática no contato com o meio natural em que vive, e também e, sobretudo o humano das relações sociais, logra transformar tal experiência em conhecimento consciente que vai acumulando e acrescendo para si próprio e seus semelhantes, e que se transmite de geração em geração. E conhecimento esse que deliberadamente se faz e sistematiza em normas de ação e condução daquela prática.

Nisso precisamente consiste a especificidade e singularidade do homem: a sua potencialidade racional que, da indistinção e confusão originárias no seio do Universo, o faz emergir e progressivamente destacar como ser racional em que se torna; não somente *conhecedor*, mas, sobretudo plenamente consciente de seu conhecimento, o que lhe permite utilizá-lo intencionalmente, e não apenas como simples reflexo nervoso; e isso em nível e extensão cada vez mais elevados e amplos. E na mesma medida e progressão, o faz imprimir sua marca na natureza, inclusive a humana — sua última conquista, em plena eclosão, nos dias de hoje, em moldes científicos modernos —, transformando-a e se fazendo com isso senhor dela e de seu destino próprio. "Senhor e possuidor do Universo", na predição de Descartes.

É nesse *devenir* racional que consiste a dialética do homem e de sua "história". E é na consideração dessa dialética que se esclarece o problema filosófico. Nela se configura o verdadeiro homem, o seu ser real e integral que não é o homem situado, com uma razão "absoluta", à parte do Universo que, como de fora e sobranceiro, ele contempla, interpreta e assim domina — à feição do racionalismo clássico. Não é tampouco o homem confundido no conjunto da natureza e com ela nivelado; dominado por contingências a que passivamente se submete, sem mesmo a consciência disso, arrastado por rígido determinismo geral e igual para todas as coisas. Do que se trata é do homem simultaneamente nessas duas situações, ou antes, passando permanentemente de uma para outra, tornando-se uma e outra em eterno *devenir*. Ao mesmo tempo parte e parcela do todo universal, mas também nele progressivamente se discriminando e destacando; fazendo-se pelo pensamento e conhecimento no ser racional que consciente e intencionalmente modifica e transforma com a sua ação e para seus fins, o meio físico e o humano das relações sociais de que participa; e consequentemente se transformando também ele próprio com as transformações que determina, e que passam a determiná-lo.

Esse o tema central da filosofia, a saber, o desenvolvimento dessa dialética do ser humano que a partir de sua indiferenciação no seio da natureza em que se emparelha com as demais feições e ocorrências com as quais nela coabita como simples parcela envolvida no conjunto universal em pé de igualdade, e nele arrastado passivamente na mesma determinação geral que é do todo e transcende as suas partes; a partir daí vai (o ser humano) progressivamente e de forma cada vez mais acentuada e generalizada, fazendo-se ele próprio, em si e por si, poderoso fator determinante, e consciente dessa sua determinação do todo universal de que participa. Fator determinante em particular naquele setor que mais proximamente o atinge e envolve, e que vem a ser o da *convivência humana*, das relações sociais. Setor esse em que ensaia apenas, em nossos dias, seus primeiros, ainda tímidos, hesitantes e incertos passos.

É essa dialética que cabe essencialmente à filosofia considerar e compreender, pois é dessa compreensão que resultará o coroamento da tarefa de verdadeiro conhecimento integral do ser humano em suas possibilidades e limitações. E ter-se-á o que afinal mais importa para a projeção futura do processo dialético em que o homem se acha engajado.

Essa matéria não é nem pode ser objeto do conhecimento ordinário, da ciência propriamente, uma vez que esta tem por objetivo específico a simples representação mental da realidade, o como essa realidade, com suas feições e ocorrências, se há de representar no pensamento e se tornar com isso *conhecida* pelo indivíduo pensante. Isso inclusive no que respeita o terreno do conhecimento do homem.

Esse o objetivo do conhecimento ordinário, do conhecimento em seu primeiro nível, e não a participação daquela própria representação mental, ou conhecimento elaborado em seu conjunto e generalidade, na conformação do homem e determinação de sua dialética nas circunstâncias acima consideradas. Isto é, o entrosamento e relacionamento dialético do conhecimento e do comportamento do homem situado no todo universal de que participa.

Essa é matéria que vai além daquela que cabe à ciência propriamente. Nem é acessível simplesmente aos procedimentos ordinários da elaboração científica. Pertence assim necessariamente à outra ordem de conhecimentos que, a respeitar nomenclatura consagrada, não pode ser senão aquilo que se tem entendido por "filosofia", sob cuja designação se reúne de ordinário, embora de maneira no geral informe e dispersa, particularizada e confusa, boa parte das questões que precisamente, direta ou indiretamente, dizem respeito à matéria que estamos considerando.

Mas esse último ponto é de segunda importância. Mais uma questão de nomenclatura. O que importa é a delimitação com um mínimo de precisão, e a sistematização, naquilo que é aproveitável, desse variegado material que se tem entendido por "filosofia", e que de fato corresponde nos seus traços gerais, embora no mais das vezes vagamente apenas, com a fundamental dialética humana. Uma tal sistematização se fará, assim penso, sobre a base e em torno da consideração metódica do processo em que se centraliza a atividade racional do homem, e que vem a ser o fato do conhecimento como circunstância específica da dialética humana. É no conhecimento e por ele que se gera a potencialidade humana como motor da dialética do homem. O objeto da filosofia seria assim o fato do conhecimento considerado em toda sua amplitude, a partir do processo da elaboração cognitiva, que é propriamente o pensamento; e a *comunicação* dessa atividade pensante. Em especial pela sua expressão verbal, a linguagem discursiva que torna o pensamento plenamente consciente e o faz amplamente comunicável e registrável, e pois socializa o processo de elaboração cognitiva e concede permanência ao conhecimento elaborado. E temos aí o que ordinariamente se entende por teoria do conhecimento.

Daí, a consideração e exame do *fato* do conhecimento se estenderia para a *função* dele, seu objetivo e papel que desempenha na existência humana, e que vem a ser a sua utilização, ou seja, a determinação e orientação da ação. Determinação e orientação essas que se realizam pela mediação do conhecimento reduzido a diretivas da ação, normas de comportamento: hábitos, costumes, normas de civilidade, princípios éticos, instituições jurídicas, técnicas... O conjunto enfim de diretivas que regulam a ação e conduta humanas. Ação e comportamento que relacionam o homem com o meio que o envolve, e com isso o situam no Universo de que participa.

Esse exame do conhecimento, do fato cognitivo em sua generalidade, se reduz, como se vê, à consideração sistemática do essencial dos sucessivos fatos ou momentos em que se compõe e desdobra a dialética humana: da prática ao conhecimento, e desse conhecimento de retorno à prática. O que representaria, esquematicamente, a linha de desenvolvimento teórico do que haveria de ser a filosofia.

SOBRE O AUTOR

Caio Prado Júnior (1907-1990), nascido em São Paulo, fez seus estudos secundários no Colégio São Luís, bem como em Eastbourne, Inglaterra.

Formado em 1928 pela Faculdade de Direito, hoje incorporada à Universidade de São Paulo, obteve nela, em 1956, a livre-docência com a sua tese *Diretrizes para uma política econômica brasileira*.

Deputado estadual em 1947, teve seu mandato cassado em consequência do cancelamento do registro do Partido Comunista do Brasil pelo qual se elegera.

Recebeu o título de Intelectual do Ano pela publicação do livro *A revolução brasileira*, sendo agraciado com o prêmio Juca Pato. Faleceu em 1990.